この本の特色としくみ

本書は，中学3年のすべての内容を3段階のレベルに分けた，ハイレベルな問題集です。各単元は，Step A（標準問題）と Step B（応用問題）の順になっていて，まとまりごとに Step C（難関レベル問題）があります。巻頭は「1・2年の復習」，Step C の後には入試対策としての長文問題。また，巻末に「総合実力テスト」を設けているため，復習と入試対策両方に使えます。

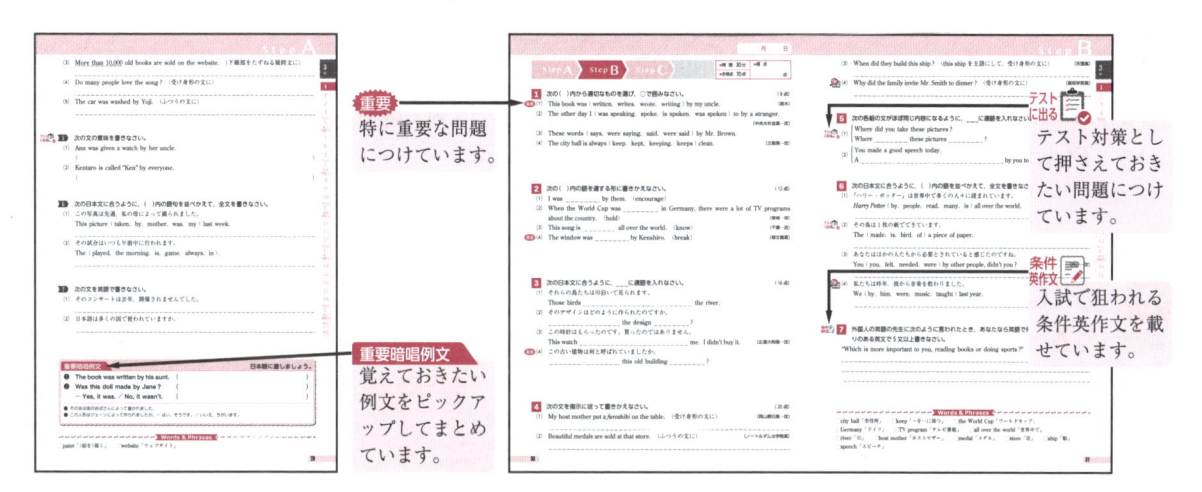

CONTENTS 目次

1・2年の復習
- 1 動　詞 …………………………… 2
- 2 助動詞 …………………………… 4
- 3 過去形 …………………………… 6
- Step B …………………………………… 8
- 4 未来の表現 ……………………… 10
- 5 不定詞 …………………………… 12
- Step B …………………………………… 14
- 6 動名詞 …………………………… 16
- 7 接続詞 …………………………… 18
- Step B …………………………………… 20
- 8 比較表現 ………………………… 22
- 9 there is / are ~., SVOO, 接続詞 that … 24
- Step B …………………………………… 26

3年
- 1 受け身形(1) ……………………… 28
- 2 受け身形(2) ……………………… 32
- 3 現在分詞 ………………………… 36
- 4 過去分詞 ………………………… 40
- Step C …………………………………… 44
- 長文問題(1) ……………………………… 46
- 5 現在完了(1) ……………………… 48
- 6 現在完了(2) ……………………… 52
- 7 現在完了(3) ……………………… 56
- Step C …………………………………… 60
- 長文問題(2) ……………………………… 62
- 8 不定詞を扱った表現(1) ………… 64
- 9 不定詞を扱った表現(2) ………… 68
- 10 不定詞を扱った表現(3) ………… 72
- Step C …………………………………… 76
- 長文問題(3) ……………………………… 78
- 11 関係代名詞(1) …………………… 80
- 12 関係代名詞(2) …………………… 84
- 13 関係代名詞(3) …………………… 88
- Step C …………………………………… 92
- 長文問題(4) ……………………………… 94
- 14 文構造・間接疑問・接続詞 that など …… 96
- 15 文構造（第5文型など）・重要表現など … 100
- 16 名詞・冠詞・代名詞 …………… 104
- 17 時制の一致 ……………………… 108
- 18 重要表現・熟語 ………………… 112
- Step C …………………………………… 116
- 長文問題(5) ……………………………… 118
- 総合実力テスト　第1回 ……………… 120
- 総合実力テスト　第2回 ……………… 124

本書に関する最新情報は，当社ホームページにある本書の「サポート情報」をご覧ください。（開設していない場合もございます。）

1・2年の復習

1 動　詞

●時　間　30分　●得　点
●合格点　70点　　　　点

Step A **Step B**

1 次の（　）内から適切なものを選び，○で囲みなさい。（3点×4―12点）
(1)　(Do, Does, Are, Have) she like reading books?
(2)　We (play, plays, playing, are playing) baseball every day.
(3)　All of them (come, comes, coming, is coming) to school by bicycle.
(4)　Tom and I (am, are, was, were) eating lunch now. 〔栃木〕

2 CとDの関係がAとBの関係と同じになるように，＿＿に適語を入れなさい。（3点×4―12点）

	A	B	C	D
(1)	walk	walking	swim	＿＿＿＿
(2)	live	lives	teach	＿＿＿＿
(3)	hour	our	sea	＿＿＿＿
(4)	know	knows	study	＿＿＿＿

3 次の各組の文がほぼ同じ内容になるように，＿＿に適語を入れなさい。（5点×4―20点）

(1) { I am a soccer fan.
　　 I ＿＿＿＿＿＿ soccer. 〔駿台甲府高〕

(2) { This is a beautiful flower.
　　 ＿＿＿＿＿＿ ＿＿＿＿＿＿ is beautiful.

(3) { Are you from America?
　　 Are you ＿＿＿＿＿＿ ?

(4) { She is a good pianist.
　　 She ＿＿＿＿＿＿ the piano well.

4 次の日本文に合うように，（　）内の語句を並べかえて，全文を書きなさい。（6点×4―24点）
(1)　英語の授業は木曜日です。
　　We (an, class, English, have) on Thursday. 〔城北高―改〕

(2)　私は海で泳ぐのを楽しみにしています。
　　I'm (forward, in, swimming, to, the sea, looking). 〔福島〕

Review of 1st and 2nd year

(3) 何か冷たいものがほしい。
(cold, I, something, want).

(4) オーストラリアはたくさんの種類の動物がいることで有名です。
Australia is (kinds, famous, many, of, for) animals. 〔青森〕

---

5 次の場合に英語で何と言いますか。2語以上の英文を書きなさい。 （8点×2—16点）

(1) 相手にものを渡すとき。

(2) 時刻をたずねるとき。

---

6 次の英文を読んで，下の質問の答えとして適するものを選び，記号で答えなさい。

〔島根〕（8点×2—16点）

(1) There are five people in my family. At dinner, my mother sits next to my father. My sister sits just in front of my mother. My grandmother sits between my mother and my sister.
（質問） Where do I sit?

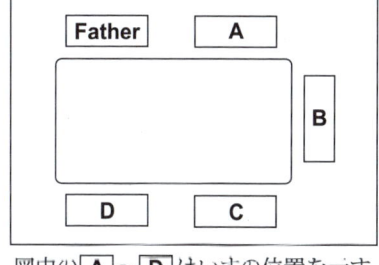

ア A　イ B　ウ C　エ D　　（　　）

図中の A ～ D はいすの位置を示す。

(2) Emi is fourteen years old. She went to a zoo with her parents and her five-year-old sister.
（質問） How much did Emi's family need to buy the tickets for the family?

入場料金表

Adults	¥ 1,200
Students (under 18)	¥ 700
Children (under 10)	¥ 500
Children (under 6)	FREE

注 FREE 無料

ア 1,900 yen.　イ 2,400 yen.
ウ 3,100 yen.　エ 3,600 yen.　（　　）

Words & Phrases

□by bicycle「自転車で」　　□well「上手に」

2 助動詞

Step A Step B

1 次の日本文に合うように，＿＿に適語を入れなさい。　　　　　　　　　　（3点×5―15点）

(1) ここで走ってはいけません。
　　You ＿＿＿＿＿＿ ＿＿＿＿＿＿ run here.

(2) 明日，電話をします。
　　I ＿＿＿＿＿＿ call you tomorrow.

(3) フランスへ行く前にフランス語を覚えるべきだ。
　　You ＿＿＿＿＿＿ learn French before you visit France.

(4) 質問をしてもよろしいですか。
　　＿＿＿＿＿＿ I ask you a question?

(5) 彼はたいへん上手にギターを弾くことができます。
　　He ＿＿＿＿＿＿ play the guitar very well.

2 次の＿＿にあてはまる語句を選び，記号で答えなさい。　　　　　　　　　（6点×5―30点）

(1) ＿＿＿＿＿＿ do you come to school?　　　　　　　　　　　　　（　　）
　　ア How　イ What　ウ Where　エ Which　　　　　　　　　〔成城学園高〕

(2) Will she come back to Japan next Sunday? No, she ＿＿＿＿＿＿. She will come back to Japan next Monday.　　　　　　　　　　　　　　　　　　　　　（　　）
　　ア will　イ won't　ウ isn't　エ doesn't

(3) Can he play tennis? ＿＿＿＿＿＿. He is a good tennis player.　　（　　）
　　ア Yes, he can　イ No, he can　ウ Yes, he can't　エ No, he can't

(4) ＿＿＿＿＿＿ I speak to Mary, please? Sure. Just a minute.　　　（　　）
　　ア Do　イ Am　ウ May　エ Will

(5) ＿＿＿＿＿＿ go and help your mother?　　　　　　　　　　　　　（　　）
　　ア May you　イ Will I　ウ Shall you　エ Shall I　　〔聖カピタニオ女子高〕

3 次の各組の文がほぼ同じ内容になるように，＿＿に適語を入れなさい。　　（5点×3―15点）

(1) ｛ I am going to see a movie.
　　　 I ＿＿＿＿＿＿ see a movie.

(2) ｛ Let's go to the park.
　　　 ＿＿＿＿＿＿ we go to the park?

(3) ｛ Can you tell me how many people there are in the park?
　　　 Can you tell me the ＿＿＿＿＿＿ ＿＿＿＿＿＿ people in the park?　〔愛光高〕

Review of 1st and 2nd year

4　意味が通る文になるように，次の（　）内の語句を並べかえて，全文を書きなさい。
（7点×2—14点）

(1) Children (to, to bed, have, go) early. 〔沖縄〕

(2) Would (another, cup, like, of, you) coffee, Harry ? 〔千葉〕

5　次の対話文で，（　）内に日本語で示されていることを伝える場合，英語で何と言いますか。Ⓐ，Ⓑにあてはまる英文を書きなさい。
〔静岡〕（7点×2—14点）

John　: Shall we go to the science museum on Saturday ?
Kaori : Saturday ?　Ⓐ(残念だけどだめなの。)
John　: Then, how about Sunday ?
Kaori : That's fine with me. What time shall we meet ?
John　: At ten o'clock, in front of the station. Is that OK ?
Kaori : All right.　Ⓑ(時間厳守ね。) See you then.

Ⓐ _____
Ⓑ _____

6　ア～エにあてはまる最も適切な単語を，下の〔　〕内からそれぞれ選びなさい。
〔群馬—改〕（3点×4—12点）

　Keiko is talking with Mr. Smith, her school's ALT. He is from Australia.
Keiko　　 : It's cold today.
Mr. Smith: Yes. I don't like cold weather. Which season do you like the best ?
Keiko　　 : I like spring. School starts in April and I can make new friends in my new class. I get excited in spring.
Mr. Smith: Oh, I see, but I have never felt 　ア　 that.
Keiko　　 : I'm 　イ　, I don't know what you mean.
Mr. Smith: School starts in February in my country.
Keiko　　 : Really ? I didn't know that.
Mr. Smith: And we have summer vacation in January. In my country, it is very 　ウ　 in January.
Keiko　　 : Oh, I heard about that. Things are different in each country. Let's 　エ　 for more differences between our countries.

〔as, cold, find, fine, hot, like, look, sorry〕

ア _____　イ _____　ウ _____　エ _____

注　ALT　外国語指導助手

3 過去形

1・2年の復習

● 時間 30分　● 合格点 70点　● 得点　　点

Step A　Step B

1 次の( )内から適切なものを選び，○で囲みなさい。　(2点×5—10点)

(1) Mr. Nakano (is, are, was, were) sick yesterday.
(2) Ken (get, got, getting) up at six this morning.
(3) (Do, Does, Did) you go to school last Sunday?
(4) Mary didn't (help, helps, helped) her mother this morning.
(5) (Is, Are, Was, Were) Jiro in his room ten minutes ago?

2 次の( )内の語を適する形に書きかえなさい。　(2点×7—14点)

(1) We _____ the game yesterday. (enjoy)
(2) I _____ with Tom last Sunday. (play)
(3) Takao and I _____ TV last night. (watch)
(4) Yumi _____ her room yesterday. (clean)
(5) Mr. Yoshida _____ music last year. (teach)
(6) The train _____ five minutes ago. (leave)
(7) _____ Masao and Ichiro busy yesterday? (be)

3 次の文を指示に従って書きかえなさい。　(4点×5—20点)

(1) Mike studies Japanese every day. (下線部を last Sunday にして)

(2) Judy lived in Canada. (否定文に)

(3) Emi had a hamburger for lunch. (疑問文に)

(4) She was in Hokkaido then. (疑問文に)

(5) John came to Japan two years ago. (下線部をたずねる文に)

4 次の対話文(1)～(3)を読んで，□に入る最も適するものを，それぞれア～エから選び，記号で答えなさい。　(4点×3—12点)

〔徳島―改〕

(1) A: Did you go out yesterday?
　　B: □□□□□□□□ I went fishing.
　　ア Yes, I was.　　イ No, I wasn't.
　　ウ Yes, I did.　　エ No, I didn't.　　(　　)

(2) A: How was your walk around here?
　　B: [　　　　　　　] I liked the mountain with snow.
　　　ア Yes, it was.　　イ No, it wasn't.
　　　ウ It was nice.　　エ It is nice.　　　　　　　　　　（　）

(3) A: Where did you go last Saturday?
　　B: [　　　　　　　]
　　　ア Yes, I did.　　イ Yes, I was.
　　　ウ I went to Nara with my family.
　　　エ I go to school every day.　　　　　　　　　　　　（　）

5 次の日本文に合うように，（　）内の語を並べかえて，全文を書きなさい。　（5点×2—10点）

(1) 私たちはバスの中で楽しく過ごしました。
　　(good, had, a, we, time) on the bus.

(2) おばが私にこのバッグを買ってくれました。
　　My aunt (me, for, bag, bought, this).

6 次の文を英語で書きなさい。ただし，（　）内の語を使うこと。　（8点×2—16点）

(1) 私は犬を散歩に連れて行きました。　（take）

(2) 私はそのサッカーの試合をテレビで見ました。　（watch）

7 次の英文中の（　）に下の④，⑧，©の文を入れるとき，それらを並べる順番として適するものを選び，記号で答えなさい。　〔神奈川—改〕（18点×1—18点）

　I went to Kyoto last month. I visited many temples there. I liked Kinkaku Temple the best. (　) But I was able to answer him. I was very happy.
　注 temple 寺
Ⓐ I was surprised because he suddenly talked to me in English.
Ⓑ One of them asked me about Kinkaku Temple.
Ⓒ When I went there, I saw many foreign people. They were taking pictures.
　ア Ⓐ→Ⓑ→Ⓒ　　イ Ⓐ→Ⓒ→Ⓑ　　ウ Ⓑ→Ⓐ→Ⓒ
　エ Ⓑ→Ⓒ→Ⓐ　　オ Ⓒ→Ⓐ→Ⓑ　　カ Ⓒ→Ⓑ→Ⓐ　　　　（　）

Words & Phrases

□súddenly 「突然」　　□fóreign 「外国の」

1・2年の復習 ▶ 1〜3の復習

Step A　Step B

●時間 30分　●得点
●合格点 70点　　　点

1 次の（　）内から適切なものを選び，○で囲みなさい。 （5点×4—20点）
(1) Did Ken (enjoy, enjoys, enjoyed, enjoying) swimming in the river?
(2) I (get, gets, got, getting) up at six this morning.
(3) My sister (live, lives, lived, living) in Kyoto now.
(4) I am looking forward to (see, sees, saw, seeing) you.

2 次の日本文に合うように，＿＿に適語を入れなさい。 （5点×4—20点）
(1) 私は7時までに宿題を終えなければなりません。
　　I ＿＿＿＿＿＿ ＿＿＿＿＿＿ finish my homework by seven.
(2) あなたは上手にスキーをすることができますか。
　　＿＿＿＿＿＿ you ＿＿＿＿＿＿ well?
(3) 入ってもいいですか。
　　＿＿＿＿＿＿ I ＿＿＿＿＿＿ ＿＿＿＿＿＿?
(4) ペンを使ってはいけません。
　　You ＿＿＿＿＿＿ use a pen.

3 次の日本文に合うように，（　）内の語句を並べかえて，全文を書きなさい。 （4点×6—24点）
(1) 本の8ページを開きなさい。
　　(books, page, eight, your, to, open).

(2) 「虹」は英語で何と言いますか。
　　("niji", you, how, do, say) in English?

(3) 誰がこのいすを教室に運んだのですか。
　　(who, this, chair, the classroom, carried, to)?

(4) それをもう一度，言いましょうか。
　　(that, again, I, say, shall)?

(5) 朝食に何を食べましたか。
　　(breakfast, what, for, did, have, you)?

(6) 私は読書によって多くのことを学んだ。
　　I (reading books, by, a lot, learned).

8

Review of 1st and 2nd year

4 次の文を指示に従って書きかえなさい。 （4点×4—16点）

(1) They had a morning meeting. （疑問文に）
_____

(2) The tourists loved Japanese tea. （否定文に）
_____

(3) You stayed at the hotel <u>for a week</u>. （下線部をたずねる文に）
_____

(4) He teaches English in high school. （last year をつけ加えて）
_____

5 次の対話文を読んで，下の(1)，(2)の英文が入る場所として適するものを選び，記号で答えなさい。 〔鹿児島〕（5点×2—10点）

Clerk: May I help you?
Yuki : Yes, please. I like this T-shirt, but it's too big for me. （　ア　）
Clerk: （　イ　） How about this one?
Yuki : This is nice. （　ウ　） How much is it?
Clerk: It's 15 dollars. （　エ　）

注　dollar(s)　ドル

(1) I'll take it. 　（　　）
(2) Shall I show you a smaller one? 　（　　）

6 次の英文は，高校生のマサルが英語の授業で書いた作文の一部です。あとの □ の中の日本文を参考にし，英文中の(ア)，(イ)の（ ）の中にそれぞれ適する1語を英語で書きなさい。ただし，答えはそれぞれの（ ）内に指示された文字で書き始め，1つの __ に1文字が入るものとします。 〔神奈川—改〕（5点×2—10点）

　Last month, I went to a kindergarten to take care of children. When I sang songs, the children (ア)(b_ _ _ _ _) to sing with me. Their smiles made me happy. These days, I often think about my future career. I like singing songs and playing the guitar, so I wanted to be a (イ)(m_ _ _ _ _ _ _). But now I want to work at a kindergarten and make children happy.

> 先月，私は幼稚園へ行って子どもたちの世話をしました。私が歌を歌うと，子どもたちも一緒に歌い始めました。その笑顔を見て私はうれしくなりました。最近，私はよく将来の職業について考えます。私は歌を歌ったりギターを弾いたりするのが好きなので，音楽家になりたいと思っていました。でも今は，幼稚園で働いて子どもたちを幸せにしたいと思っています。

(ア) b _ _ _ _ _ 　　(イ) m _ _ _ _ _ _ _

1・2年の復習

4 未来の表現

●時間 30分　●得点
●合格点 70点　点

Step A **Step B**

1 次の＿＿に適語を入れなさい。　　　　　　　　　　　　　　（2点×4―8点）
(1) I ＿＿＿＿ going to visit Nara next Sunday.
(2) ＿＿＿＿ you going to practice baseball tomorrow morning?
(3) It ＿＿＿＿ be sunny tomorrow.
(4) What ＿＿＿＿ you do this evening?

2 次の＿＿にあてはまる語句を選び，記号で答えなさい。　　　（3点×4―12点）
(1) ＿＿＿＿ will you do during the summer vacation?
　　ア Who　イ What　ウ When　エ That　　　　　　　　　（　　）
(2) Natsumi and I ＿＿＿＿ going to stay at our friend's house.
　　ア am　イ are　ウ is　エ be　　　　　　　　　　　　　　（　　）
(3) ＿＿＿＿ be rainy and cold tonight.
　　ア It　イ It is　ウ It'll　エ It was　　　　　　　　　　　（　　）
(4) My son will ＿＿＿＿ at a company.
　　ア work　イ is working　ウ works　エ worked　　　　　（　　）

3 次の日本文に合うように，（　）内の語句を並べかえて，全文を書きなさい。（6点×5―30点）
(1) 僕は今度の土曜日には6時に起きるつもりです。
　　I am (six, at, to, up, get, going) next Saturday.

(2) その電車は3時に京都に着くでしょう。
　　The train (at three, Kyoto, in, arrive, will).

(3) 彼女は時計を買うつもりですか。
　　(buy, going, is, she, to) a watch?

(4) 彼は日本には戻ってこないでしょう。
　　He (Japan, not, back, come, to, will).

(5) 明日，その写真をお見せしましょう。
　　I will (tomorrow, the, you, picture, show).

Review of 1st and 2nd year

4 次の文を指示に従って書きかえなさい。　　　　　　　　　　　　　　（5点×5—25点）

(1) He will be busy tomorrow. （否定文に）

(2) My uncle gives me a birthday present. （tomorrow をつけ加えて）

(3) She will stay at the hotel <u>for a week</u>. （下線部をたずねる文に）

(4) Goro is going to meet Yoko <u>at the station</u>. （下線部をたずねる文に）

(5) <u>I</u> am going to stay at a hotel. （下線部を We にかえて）

5 次の対話文(1), (2)を読んで，□に入る最も適するものを，それぞれア〜エから選び，記号で答えなさい。
〔千葉—改〕（5点×2—10点）

(1) *Kenta* : Let's go outside, Ben. We have a lot of snow!
　　Ben : □
　　Kenta : We'll have a snowball fight.
　　　ア　When do we go outside?　　イ　What are we going to do?
　　　ウ　Where are we talking now?　エ　How much snow do we have?　　（　　）

(2) *Kenta* : It is very cold in Germany in winter, so there is always a lot of ice.
　　Ben : That's right.
　　Kenta : □ If you hold one, you'll know Japanese snowball fights are not dangerous.
　　　ア　I'll have a snowball fight with some other friends.
　　　イ　You'll find someone to go skiing with.
　　　ウ　I'll make you some snowballs.
　　　エ　You'll stay in the classroom with some friends.　　（　　）

6 次の文を英語で書きなさい。　　　　　　　　　　　　　　　　　　　　（5点×3—15点）

(1) 明日雨なら，私たちは将棋をします。

(2) 君の宿題を手伝うよ。

(3) 今日の放課後は何をするのですか。

5 不定詞

Step A Step B

1 次の（ ）内から適切なものを選び，○で囲みなさい。　（3点×5—15点）
(1) I want (eat, eating, ate, to eat) something.
(2) He likes (to play, plays, play, played) tennis.
(3) To speak English (be, am, are, is) not difficult.
(4) I went to the gym (play, playing, to play, played) basketball.
(5) He wants (go, going, to go) to Hokkaido.

2 次の日本文に合うように，＿＿に適語を入れなさい。　（4点×5—20点）
(1) 私の夢は世界一周旅行をすることです。
 My dream ＿＿＿＿＿ ＿＿＿＿＿ ＿＿＿＿＿ around the world.
(2) 私にはすることがたくさんあります。
 I have a lot of ＿＿＿＿＿ ＿＿＿＿＿ ＿＿＿＿＿.
(3) 私は美術館で働きたいと思います。
 I hope ＿＿＿＿＿ ＿＿＿＿＿ in a museum.
(4) その子どもは何か食べるものをほしがっています。
 The child wants ＿＿＿＿＿ ＿＿＿＿＿ ＿＿＿＿＿.
(5) 彼女は友だちを迎えるために，駅へ行きました。
 She ＿＿＿＿＿ to the station ＿＿＿＿＿ ＿＿＿＿＿ her friend.

3 意味が通る文になるように，（ ）内の語句を並べかえて，全文を書きなさい。　（5点×5—25点）
(1) (you, where, go, do, to, want)?

(2) She (to, to, study, London, English, went).

(3) He (a book, in the train, bought, read, to).

(4) Give (something, drink, to, me).

(5) To (the piano, is, play, fun, a lot of).

Review of 1st and 2nd year

4 次の文を指示に従って書きかえなさい。　　　　　　　　　　（4点×4—16点）

(1) She began to run on the grass.　（疑問文に）
　_____

(2) I have nothing to do.　（yesterday をつけ加えて）
　_____

(3) Mary went to the store to buy some pieces of cake.　（現在の文に）
　_____

(4) They want to see <u>the pictures</u>.　（下線部をたずねる文に）
　_____

5 次の文中の不定詞と同じ用法のものを下のア〜ウの中から選び，記号で答えなさい。
　　　　　　　　　　　　　　　　　　　　　　　　　　　　　　（3点×3—9点）

(1) I want to be a doctor.　　　　　　　　　　　　　　　　　（　　）
(2) Give me something to drink.　　　　　　　　　　　　　　（　　）
(3) Lucy was surprised to hear the news.　　　　　　　　　　（　　）
　　ア　I went to the shop to buy a CD.
　　イ　Does your sister hope to work in a library?
　　ウ　She bought a book to read in the train.

6 次の対話文(1)〜(3)を読んで，☐に入る最も適するものを，それぞれア〜エから選び，記号で答えなさい。　　　　　〔北海道―改〕（5点×3—15点）

(1) A: Where are you from?
　　B: ☐
　　A: Oh, I want to visit the country.
　　　ア　I go to school.　　イ　I have a brother.
　　　ウ　I'm happy.　　　　エ　I'm from Australia.　　　　（　　）

(2) A: Did you go to see the basketball game yesterday?
　　B: Yes. ☐
　　A: No, I didn't. But I heard it was exciting.
　　　ア　How was it?　　　イ　How about you?
　　　ウ　What did you see?　エ　Why did you see it?　　　　（　　）

(3) A: Would you like to have more salad?
　　B: No. ☐
　　A: Here's some apple juice.
　　B: Thank you.
　　　ア　I don't want to drink anything.　イ　I'm very hungry.
　　　ウ　I'd like to eat more.　　　　　　エ　I'd like something to drink.　（　　）

Step A Step B

1 次の( )内から適切なものを選び，○で囲みなさい。　　　（3点×4―12点）
(1) It'll (rain, rains, raining, to rain) in the evening.
(2) What language (is, do, does, will) they use in the meeting tomorrow?
(3) I hope (visit, visiting, to visit, visited) Hawaii in the future.
(4) I wish (study, studying, to study) French in college.

2 次の日本文に合うように，＿＿に適語を入れなさい。　　　（3点×6―18点）
(1) マサオにはしなければならない仕事がたくさんあります。
　　Masao has a lot of work ＿＿＿＿＿ ＿＿＿＿＿.
(2) 僕たちは昼食を食べにレストランへ行きました。
　　We went to the restaurant ＿＿＿＿＿ ＿＿＿＿＿ ＿＿＿＿＿.
(3) ケイコのために，あなたは何をしてあげるのですか。
　　＿＿＿＿＿ will you ＿＿＿＿＿ for Keiko?
(4) 明日は，暑くなるでしょう。
　　＿＿＿＿＿ be hot tomorrow.
(5) あなたの夢について話すつもりですか。
　　＿＿＿＿＿ you ＿＿＿＿＿ ＿＿＿＿＿ ＿＿＿＿＿ about your dream?
(6) 英語で書くことは難しい。
　　＿＿＿＿＿ ＿＿＿＿＿ in ＿＿＿＿＿ is difficult.

3 次の文を指示に従って書きかえなさい。　　　（2点×5―10点）
(1) I want to be a teacher in the future. （否定文に）

(2) She will be busy tomorrow morning. （否定文に）

(3) I go shopping with my sister. （next Sunday をつけ加えて）

(4) Hiroshi will stay in Paris <u>for a week</u>. （下線部をたずねる文に）

(5) <u>Akiko</u> is going to visit Africa next month. （下線部をたずねる文に）

Review of 1st and 2nd year

4 次の対話文(1)〜(3)を読んで，□に入る最も適するものを，それぞれア〜エから選び，記号で答えなさい。　　　　　　　　　　　　　　　　　　　　　　　　　　（7点×3―21点）

(1) A : Happy Birthday！ This is a present for you.
　　B : Thank you. May I open it ?
　　A : Sure. □
　　　ア　I hope you'll like it.　　イ　I'll never buy it.
　　　ウ　You don't have to.　　　エ　You like to go shopping.　　　（　　）

(2) A : I'm going to make salad. Can you help me ?
　　B : Of course. □
　　A : Well ... will you cut these tomatoes ?
　　　ア　Whose cup is this ?　　イ　When did you come home ?
　　　ウ　How can I help ?　　　エ　Where will you have lunch ?　　（　　）

(3) A : Are you all right ? You have a lot of bags.
　　B : Thank you, but I'm OK.
　　A : □ I'm going to change trains at the next station.
　　B : Thank you very much. You are very kind.
　　　ア　You should take a bus.　　イ　Please check the ticket number.
　　　ウ　I like to visit many places.　エ　Please sit here.　　　　　　（　　）

5 次の（　）内の語を並べかえて，意味の通る英文を完成しなさい。　（3点×3―9点）

(1) What (to, do, do, want, you) in the city ?
　　What _____ in the city ?

(2) She (to, here, him, meet, came).
　　She _____.

(3) Do you (learn, other, things, have, many, to) ?
　　Do you _____ ?

6 次の文の意味を書きなさい。　　　　　　　　　　　　　　　　　（10点×3―30点）

(1) I will get home before it gets dark.

(2) Saburo likes to fish in the river.

(3) What is the best way to learn Japanese ?

1・2年の復習

6 動名詞

●時間 30分　●得点
●合格点 70点　　　点

Step A **Step B**

1 次の動詞の ing 形を書きなさい。 (1点×6—6点)
(1) sing _____　(2) write _____　(3) ski _____
(4) swim _____　(5) fly _____　(6) use _____

2 次の( )内から適切なものを選び、○で囲みなさい。 (2点×5—10点)
(1) Thank you for (help, helping, to help) me.
(2) Bob enjoyed (learn, learning, to learn, learned) *shodo*.
(3) They give up (play, playing, to play) baseball.
(4) She finished (read, reads, to read, reading) the book.
(5) Nancy is interested in (teaches, teaching, to teach) music.

3 次の日本文に合うように、___ に適語を入れなさい。 (4点×5—20点)
(1) 私はあなたから便りがあることを楽しみにしています。
　　I'm looking forward to _____ from you.
(2) 私の趣味は写真を撮ることです。
　　My hobby is _____ _____.
(3) 雪は2時間やまなかった。
　　It did not stop _____ for two hours.
(4) 朝早く起きることは、私には容易ではありません。
　　_____ _____ early in the morning is not easy for me.
(5) ケイトはさよならも言わないで行ってしまいました。
　　Kate left without _____ _____.

4 次の各組の文がほぼ同じ内容になるように、___ に適語を入れなさい。 (3点×4—12点)
(1) I like to play tennis.
　　I like _____ tennis.
(2) Paul cooks very well.
　　Paul is very good _____ _____.
(3) Why don't we go for a walk in the park?
　　_____ about _____ for a walk in the park?
(4) To see is to believe.
　　_____ is _____.

16

Review of 1st and 2nd year

5 次の日本文に合うように，（ ）内の語句を並べかえて，全文を書きなさい。 （4点×7—28点）

(1) ケンはテレビを見るのをやめました。
 (watching, stopped, Ken, TV).

(2) 自動車を運転することが，彼の仕事です。
 (a car, job, is, his, driving).

(3) 冬はスケートの季節です。
 Winter (for, skating, season, is, the).

(4) 遅れてごめんなさい。
 (late, excuse, for, me, being).

(5) また，雨が降り始めました。
 (raining, began, again, it).

(6) 私はここへ来たのを覚えていません。
 I (here, coming, remember, don't).

(7) 彼女の仕事は数学を教えることです。
 (math, job, is, her, teaching).

6 次の文の意味を書きなさい。 （4点×6—24点）

(1) I thanked him for calling.
 (　　　　　　　　　　　　　　　　　　　　　　　　　　　)

(2) She finished reading the newspaper.
 (　　　　　　　　　　　　　　　　　　　　　　　　　　　)

(3) Yumi went shopping at a department store.
 (　　　　　　　　　　　　　　　　　　　　　　　　　　　)

(4) Living together with a dog is fun.
 (　　　　　　　　　　　　　　　　　　　　　　　　　　　)

(5) The girl started jogging in the park.
 (　　　　　　　　　　　　　　　　　　　　　　　　　　　)

(6) We talked about going to a zoo.
 (　　　　　　　　　　　　　　　　　　　　　　　　　　　)

7 接続詞

Step A / Step B

1 次の日本文に合うように，＿＿に適語を入れなさい。 （3点×4—12点）

(1) 私には兄が1人，姉が2人います。
I have a brother ＿＿＿＿＿ two sisters.

(2) 私はテニスが好きですが，サッカーは嫌いです。
I like tennis, ＿＿＿＿＿ I ＿＿＿＿＿ like soccer.

(3) あなたは京都に住んでいるのですか，それとも滋賀に住んでいるのですか。
Do you live in Kyoto ＿＿＿＿＿ in Shiga ?

(4) 彼女は日本語と英語の両方を話します。
She speaks ＿＿＿＿＿ Japanese ＿＿＿＿＿ English.

2 次の＿＿にあてはまる語を下から選びなさい。ただし，同じ語を2度使わないこと。 （4点×4—16点）

(1) I think ＿＿＿＿＿ Takuro will come.
(2) I'll stay home ＿＿＿＿＿ it rains.
(3) He lived here ＿＿＿＿＿ he was a boy.
(4) We missed the train ＿＿＿＿＿ we woke up late.

［ because, if, that, when ］

3 次の日本文に合うように，（ ）内の語句を並べかえて，全文を書きなさい。 （4点×4—16点）

(1) 食事する前に手を洗いなさい。
(eat, before, you, hands, your, wash).

(2) 私は宿題を終えた後，テレビを見ました。
I watched TV (my, did, I, homework, after).

(3) 僕が料理をしている間，妹は本を読んでいました。
My sister was (cooking, while, was, a book, reading, I).

(4) 私はとても疲れていました。だから早く寝ました。
I was very tired, (early, to, went, I, bed, so).

Review of 1st and 2nd year

4 次の文の意味を書きなさい。　　　　　　　　　　　　　　　　　（4点×5―20点）

(1) Hurry up, or you'll miss the train.
　（　　　　　　　　　　　　　　　　　　　　　　　　　　　　　）
(2) Go straight, and you will find the store.
　（　　　　　　　　　　　　　　　　　　　　　　　　　　　　　）
(3) I'll have dinner after I take a bath.
　（　　　　　　　　　　　　　　　　　　　　　　　　　　　　　）
(4) We must wait here until she comes.
　（　　　　　　　　　　　　　　　　　　　　　　　　　　　　　）
(5) Let's go and see her in the hospital.
　（　　　　　　　　　　　　　　　　　　　　　　　　　　　　　）

5 自然な意味になるように下から適するものを続けて，英文を完成させなさい。答えは記号で書きなさい。　　　　　　　　　　　　　　　　　　　　　　　　　（4点×5―20点）

(1) I didn't know　　　　　　　　　　　　　　　　　　　　（　　）
(2) I will give you something to drink　　　　　　　　　　　（　　）
(3) I am studying hard　　　　　　　　　　　　　　　　　　（　　）
(4) I will bring you the picture　　　　　　　　　　　　　　（　　）
(5) My brother is fifteen years old　　　　　　　　　　　　　（　　）

　　ア　because I have an exam tomorrow.
　　イ　when I come next time.
　　ウ　that she was my teacher.
　　エ　and I am thirteen.
　　オ　if you are thirsty.

6 次の文を英語で書きなさい。　　　　　　　　　　　　　　　　　（4点×4―16点）

(1) 多くの少年少女がそこで歌を歌っていました。

(2) 若いとき，彼はフランスへ行きました。

(3) 私は，朝食にはご飯かパンのどちらかを食べます。

(4) 彼はたいてい日の出前に起きます。

19

1・2年の復習 ▶ 6，7の復習

Step A **Step B**

●時間 30分　●得点
●合格点 70点　　　点

1 次の（　）内から適切なものを選び，○で囲みなさい。　　（3点×6―18点）
(1) Learning languages (are, be, is, have) a lot of fun.
(2) I am interested in (collect, to collect, collected, collecting) stamps.
(3) Helen has a dream of (become, to become, becomes, becoming) an astronaut.
(4) (Play, Plays, Playing, Is) soccer is a lot of fun.
(5) All the guests at the party enjoyed (to sing, to be sung, singing, for singing) until midnight.　〔中央大杉並高―改〕
(6) Ryo tried to use a computer, (but, if, because, or) his father was using it.　〔秋田―改〕

2 次の日本文に合うように，＿＿に適語を入れなさい。　　（3点×6―18点）
(1) 十和田湖はキャンプに行くにはよい場所だと思います。
　　I ＿＿＿＿＿＿ ＿＿＿＿＿＿ Lake Towada is a nice place to go camping at.　〔秋田―改〕
(2) きょうだいはいますか。
　　Do you have ＿＿＿＿＿＿ brothers ＿＿＿＿＿＿ sisters ?　〔山形―改〕
(3) ベンが日本を離れるので，とても悲しいです。
　　I am very ＿＿＿＿＿＿ ＿＿＿＿＿＿ Ben is going to leave Japan.　〔神奈川―改〕
(4) 海岸にいる生徒を見たとき，支配人はなぜ驚いたのですか。
　　Why was the manager surprised ＿＿＿＿＿＿ he ＿＿＿＿＿＿ the students on the beach ?　〔兵庫―改〕
(5) まちがえることをおそれないで。
　　Don't be afraid of ＿＿＿＿＿＿ ＿＿＿＿＿＿.　〔島根―改〕
(6) お手伝いしていただいてありがとう。
　　Thank you ＿＿＿＿＿＿ ＿＿＿＿＿＿ me.

3 次の各組の文がほぼ同じ内容になるように，＿＿に適語を入れなさい。　　（6点×3―18点）
(1) ｛ He didn't say anything and went out.
　　 He went out ＿＿＿＿＿＿ saying anything.　〔実践学園高〕
(2) ｛ Study hard, or you'll fail the math test.
　　 ＿＿＿＿＿＿ ＿＿＿＿＿＿ study hard, you'll fail the math test.　〔慶應義塾高〕
(3) ｛ Would you open the window ?
　　 Would you ＿＿＿＿＿＿ ＿＿＿＿＿＿ the window ?

20

Review of 1st and 2nd year

4 次の文の意味を書きなさい。　　　　　　　　　　　　　　（4点×7—28点）

(1) It did not stop raining for an hour.
　（　　　　　　　　　　　　　　　　　　　　　　　　　　）

(2) I know that the earth is round.
　（　　　　　　　　　　　　　　　　　　　　　　　　　　）

(3) Wash your hands before you start to eat.
　（　　　　　　　　　　　　　　　　　　　　　　　　　　）

(4) I don't like going out at night.
　（　　　　　　　　　　　　　　　　　　　　　　　　　　）

(5) I use dictionaries at home and at school.
　（　　　　　　　　　　　　　　　　　　　　　　　　　　）

(6) My uncle doesn't live in America but in Canada.
　（　　　　　　　　　　　　　　　　　　　　　　　　　　）

(7) I finished writing the report yesterday.
　（　　　　　　　　　　　　　　　　　　　　　　　　　　）

5 各問いに答えなさい。　　　　　　　　　　　〔長野〕（6点×3—18点）

(1) 次の英文の（　）にあてはまる最も適切な8文字の英語を1語で書きなさい。
　We go to the（　　　　　　　）to see a doctor when we feel sick.

(2) 対話の流れに合うように，（　）にあてはまる最も適切な英文を，下のア〜エから1つ選び，記号を書きなさい。
　Mary　: Where are you going, Mother?
　Mother: I'm going shopping.
　Mary　:（　　　　　　　　　　）
　Mother: OK, I'll buy them for you.
　　ア　Can you buy three notebooks for me, please?
　　イ　Please come to my house after lunch.
　　ウ　I bought three notebooks for you.
　　エ　Could you tell me what you will buy?　　　　　　　（　　）

(3) 次の英文は何のことを述べているか。最も適するものを下のア〜エから選び，記号で答えなさい。
　This is one of the most important school events. In our school we have this event every year. After we listen to our teachers carefully, we walk out of the school buildings and run to the school ground. Then teachers or people who help us at this event tell us about its importance. From them, we learn how to be safe when something suddenly happens.

　　ア　運動会　　イ　音楽会　　ウ　避難訓練　　エ　生徒会選挙　　　　（　　）

8 比較表現

1・2年の復習

Step A　Step B

1 次の（ ）内の語を適する形に書きかえなさい。　　　（5点×4―20点）

(1) The sun is ＿＿＿＿＿＿＿＿ than the moon. （large）
(2) Mt. Fuji is the ＿＿＿＿＿＿＿＿ mountain in Japan. （high）
(3) English is ＿＿＿＿＿＿＿＿＿＿＿ to me than math. （interesting）
(4) Football is the ＿＿＿＿＿＿＿＿＿＿＿ of the three. （popular）

2 次の各組の文がほぼ同じ内容になるように，＿＿に適語を入れなさい。　（4点×4―16点）

(1) ｛ Mr. Inui is older than Ms. Yamamoto.
　　 Ms. Yamamoto is ＿＿＿＿＿ than Mr. Inui.

(2) ｛ Question A is more difficult than Question B.
　　 Question B is ＿＿＿＿＿ than Question A.

(3) ｛ I like PE the best of all subjects.
　　 I like PE ＿＿＿＿＿ than ＿＿＿＿＿ other subject.

(4) ｛ Yoko can run faster than Miki.
　　 Miki cannot run ＿＿＿＿＿ ＿＿＿＿＿ as Yoko.

3 次の日本文に合うように，（ ）内の語を並べかえて，全文を書きなさい。　（2点×5―10点）

(1) コーヒーと紅茶ではどちらが好きですか。
　　（do, better, you, like, which）, coffee or tea?

(2) 今日は昨日よりずっと寒い。
　　（colder, it, much, is）today than yesterday.

(3) 信濃川は日本で一番長い川です。
　　The Shinano River is（Japan, in, river, the, longest）.

(4) 彼女は彼女の姉よりゆっくり話しました。
　　She（than, slowly, spoke, more）her sister.

(5) オーストラリアはアメリカと同じくらい大きい。
　　（Australia, America, as, as, large, is）.

Review of 1st and 2nd year

4 次の文の答えとして最も適するものを下から選び，記号で答えなさい。 （2点×5—10点）

(1) Do you think that Himeji Castle is the most beautiful of all? (　　)
(2) Who went there the earliest? (　　)
(3) Is soccer the most popular sport in this city? (　　)
(4) Which bag is cheaper, this one or that one? (　　)
(5) Which do you like the best : spring, summer, fall or winter? (　　)

　　ア　No, it isn't.　　イ　John did.
　　ウ　Yes, I do.　　エ　I like summer the best.
　　オ　This one is.

5 次の文の意味を書きなさい。 （4点×6—24点）

(1) Ann is my best friend.
　　(　　　　　　　　　　　　　　　　　　　　　　　　　　　　)
(2) Tennis is one of her favorite sports.
　　(　　　　　　　　　　　　　　　　　　　　　　　　　　　　)
(3) I can cook as well as my mother.
　　(　　　　　　　　　　　　　　　　　　　　　　　　　　　　)
(4) They lived in New York for more than five years.
　　(　　　　　　　　　　　　　　　　　　　　　　　　　　　　)
(5) What is the biggest hall in Japan?
　　(　　　　　　　　　　　　　　　　　　　　　　　　　　　　)
(6) This dictionary has more words than that one.
　　(　　　　　　　　　　　　　　　　　　　　　　　　　　　　)

6 次の文を英語で書きなさい。 （4点×5—20点）

(1) それは日本最古の寺の1つです。

(2) 彼女は岡田さんよりずっと若いです。

(3) 読書は勉強することと同じくらい重要です。

(4) この自転車はあの自転車より高価です。

(5) 姫路城は日本で最も美しい城だと思います。

9 there is / are ～, SVOO, 接続詞 that

Step A > **Step B**

1 次の( )内から適切なものを選び，○で囲みなさい。 （2点×5―10点）
(1) There (be, am, are, is) a guitar in the room.
(2) (Be, Am, Are, Is) there a clock on the wall?
(3) There are (desk, a desk, two desks) by the window.
(4) There (be, am, are, is) a lot of people in the park.
(5) How many birds (be, am, are, is) there in the tree?

2 次の文を指示に従って書きかえなさい。 （3点×4―12点）
(1) There is a vase on the table. （疑問文に）

(2) There are some restaurants in the town. （疑問文に）

(3) There is a cat on the bed. （否定文に）

(4) There are some stores near the station. （last year をつけ加えて）

3 次の日本文に合うように，( )内の語を並べかえて，全文を書きなさい。 （3点×5―15点）
(1) 岡先生は私たちに日本史を教えています。
　Mr. Oka (us, history, Japanese, teaches).

(2) 彼女は正しいと思います。
　I (she, right, is, that, think).

(3) 塩を取ってください。
　Please (salt, pass, the, me).

(4) 昨日ここで事故がありました。
　(was, here, accident, an, there) yesterday.

(5) 彼は病気だということを知っていましたか。
　Did you (he, sick, know, was)?

Review of 1st and 2nd year

4 次の文の意味を書きなさい。 （6点×4—24点）

(1) I hope it will be fine tomorrow.
   (   )

(2) My uncle bought me a watch.
   (   )

(3) Is there any water in the glass?
   (   )

(4) There is not a station in our city.
   (   )

5 次の文の答えとして最も適するものを下から選び，記号で答えなさい。 （3点×5—15点）

(1) Who gave you the flowers? (   )
(2) Do you think he is a good tennis player? (   )
(3) Are there any temples in your city? (   )
(4) What did you send to your friend? (   )
(5) How many boys are there in the library? (   )

　　ア　Yes, I do.　　　　イ　No, you don't.
　　ウ　Tom was.　　　　エ　No, there aren't.
　　オ　My sister did.　　カ　There are fifteen.
　　キ　Yes, they are.　　ク　A camera.

6 次の____にあてはまる語句を選び，記号で答えなさい。 （3点×3—9点）

(1) There are _____ months in one year.
   ア four　イ ten　ウ twelve　エ twenty (   )

(2) I know that Canada is _____ Japan.
   ア larger than　イ smaller than　ウ as large as (   )

(3) I think that _____ is the hottest month in Japan.
   ア January　イ August　ウ November (   )

7 次の文を英語で書きなさい。 （5点×3—15点）

(1) カズオは私たちに何枚かの写真を見せてくれました。

(2) 奈良に関する本はありますか。

(3) 動物園への道を教えてくださいますか。

Step A 〉 Step B

●時 間 30分　●得 点
●合格点 70点　　　　点

1 次の（　）内から適切なものを選び，○で囲みなさい。　（3点×6―18点）
(1) Who (teach, teaches, teaching, taught) you English last year?　〔千葉―改〕
(2) We understand that gestures (is, are, am) very useful.　〔山梨―改〕
(3) Which of the four seasons do you like (very much, better, the best): spring, summer, fall, or winter?　〔大阪―改〕
(4) Will you tell (I, my, me, mine) more about the contest?　〔兵庫―改〕
(5) There are a lot of hearing (dog, a dog, dogs) in Japan.　〔島根―改〕
(6) (Many, More, The Most) runners joined the marathon in 2013 than in 1989.　〔佐賀―改〕

2 次の日本文に合うように，（　）内の語句を並べかえて，全文を書きなさい。　（3点×3―9点）
(1) その絵についての本はありますか。
　　(the picture, about, a book, there, is)?
　　_____
(2) より大きいかばんをお見せしましょうか。
　　(bigger, show, bag, I, you, a, shall)?
　　_____
(3) この本は今年で一番おもしろいです。
　　This book (this year, interesting, most, is, the).
　　_____

3 次の日本文に合うように，＿＿に適語を入れなさい。　（3点×7―21点）
(1) 壁に1枚の絵があります。
　　_____ _____ a picture _____ the wall.
(2) この本は5冊のうちで，一番難しいです。
　　This book is _____ _____ _____ _____ the five.
(3) その熊は雪と同じくらい白かったです。
　　The bear was _____ _____ _____ _____.
(4) 明日雨が降ると思いません。
　　I _____ _____ it _____ _____ tomorrow.
(5) 私は彼らに星の話をしました。
　　I _____ _____ the _____ _____ the stars.
(6) 彼はあなたより3つ年下です。
　　He is _____ _____ _____ than you.
(7) 誰があなたに道を教えてくれたのですか。
　　_____ _____ _____ the way?

Review of 1st and 2nd year

4 次の文の意味を書きなさい。　　　　　　　　　　　　　　　　（4点×7―28点）

(1) He thinks technology in America is as good as technology in Japan.　〔福島―改〕
　　(　　　　　　　　　　　　　　　　　　　　　　　　　　　　　　　　　)

(2) The teacher did not know Satoshi was cleaning the beach.　〔茨城―改〕
　　(　　　　　　　　　　　　　　　　　　　　　　　　　　　　　　　　　)

(3) There are many other good foods in the city.　〔熊本―改〕
　　(　　　　　　　　　　　　　　　　　　　　　　　　　　　　　　　　　)

(4) What is the best way to the Japanese garden?　〔東京―改〕
　　(　　　　　　　　　　　　　　　　　　　　　　　　　　　　　　　　　)

(5) Soccer is the most exciting sport to me.　〔富山―改〕
　　(　　　　　　　　　　　　　　　　　　　　　　　　　　　　　　　　　)

(6) There were a lot of people in the room.
　　(　　　　　　　　　　　　　　　　　　　　　　　　　　　　　　　　　)

(7) I gave my sister a pretty doll.
　　(　　　　　　　　　　　　　　　　　　　　　　　　　　　　　　　　　)

5 次の対話文について，(　)内の語を正しく並べかえて，英文を完成させなさい。

〔岐阜―改〕（8点×1―8点）

（バス停で）

Woman: Excuse me. Could you tell me how to get to Midori Park?

Maki : Sure. The park is near Wakaba Museum. I think you should take a bus for Wakaba Museum.

Woman: Well, (to / bus / the / goes / which) museum?

Maki : Take the next bus. But please don't worry. I'm going to ride on the same bus.

Woman: Thank you very much.

Maki : You're welcome.

　　Well, ＿＿＿＿＿＿＿＿＿＿＿＿＿＿＿＿＿＿＿＿＿＿＿＿＿＿＿＿＿＿ museum?

6 次の文を英語で書きなさい。ただし，(　)内の語を使うこと。　（4点×4―16点）

(1) ジョンも富士山に登りたいと思いました。　(thought, that)　〔静岡―改〕

(2) 次回は，もっと多くの質問をします。　(I, you)　〔滋賀―改〕

(3) 日本には，5,000校以上の高校があります。　(than)　〔大阪―改〕

(4) この町には郵便局はありますか。　(city)

1 受け身形 (1)

Step A　Step B　Step C

1 次の動詞の過去形，過去分詞を書きなさい。
(1) find _____ _____　　(2) know _____ _____
(3) put _____ _____　　(4) see _____ _____
(5) eat _____ _____　　(6) begin _____ _____

2 次の（　）内から適切なものを選び，○で囲みなさい。
(1) The box was broken by (he, his, him).
(2) Music is (loves, loving, loved) by many people.
(3) These letters (is, were, was) sent to me yesterday.
(4) The work (wasn't, didn't, isn't) done by John last night.
(5) (Did, Were, Was) this picture painted by Taro Okamoto ?

3 次の文の答えとして最も適するものを下から選び，記号で答えなさい。
(1) Was that chair made by your brother ?　　　　　　　　　　　(　　)
(2) Are these books read by many children ?　　　　　　　　　　(　　)
(3) Who built this house ?　　　　　　　　　　　　　　　　　　(　　)
(4) Were these books written by Yasunari Kawabata ?　　　　　　(　　)
(5) What language is spoken in the country ?　　　　　　　　　　(　　)

　ア　My brother did.　　　　　イ　He was my brother.
　ウ　Yes, it was.　　　　　　　エ　Yes, they were.
　オ　It's Chinese.　　　　　　　カ　No, they aren't.
　キ　Yes, there are.　　　　　　ク　English is.

4 次の文を指示に従って書きかえなさい。
(1) John was invited to Emi's birthday party.　（疑問文に）

(2) The temple is visited by many students.　（否定文に）

(3) More than 10,000 old books are sold on the website. （下線部をたずねる疑問文に）
_____

(4) Do many people love the song? （受け身形の文に）
_____

(5) The car was washed by Yuji. （ふつうの文に）
_____

5 次の文の意味を書きなさい。
(1) Ann was given a watch by her uncle.
   (   )
(2) Kentaro is called "Ken" by everyone.
   (   )

6 次の日本文に合うように，（ ）内の語句を並べかえて，全文を書きなさい。
(1) この写真は先週，私の母によって撮られました。
   This picture (taken, by, mother, was, my) last week.
_____

(2) その試合はいつも午前中に行われます。
   The (played, the morning, is, game, always, in).
_____

7 次の文を英語で書きなさい。
(1) そのコンサートは去年，開催されませんでした。
_____

(2) 日本語は多くの国で使われていますか。
_____

重要暗唱例文   日本語に直しましょう。

❶ The book was written by his aunt.   (   )
❷ Was this doll made by Jane?   (   )
　— Yes, it was. ／ No, it wasn't.   (   )

❶ その本は彼のおばさんによって書かれました。
❷ この人形はジェーンによって作られましたか。—はい，そうです。／いいえ，ちがいます。

Words & Phrases
□paint「（絵を）描く」　□website「ウェブサイト」

Step B

1 次の（ ）内から適切なものを選び，○で囲みなさい。　　　　　　　　　　　　（8点）

(1) This book was (written, writes, wrote, writing) by my uncle.　〔栃木〕

(2) The other day I (was speaking, spoke, is spoken, was spoken) to by a stranger.　〔中央大杉並高—改〕

(3) These words (says, were saying, said, were said) by Mr. Brown.

(4) The city hall is always (keep, kept, keeping, keeps) clean.　〔立教高—改〕

2 次の（ ）内の語を適する形に書きかえなさい。　　　　　　　　　　　　　　　（12点）

(1) I was _____ by them. （encourage）

(2) When the World Cup was _____ in Germany, there were a lot of TV programs about the country. （hold）　〔宮城—改〕

(3) This song is _____ all over the world. （know）　〔千葉—改〕

(4) The window was _____ by Kenshiro. （break）　〔郁文館高〕

3 次の日本文に合うように，＿＿に適語を入れなさい。　　　　　　　　　　　　（16点）

(1) それらの鳥たちは川沿いで見られます。
　　Those birds _____ _____ _____ the river.

(2) そのデザインはどのように作られたのですか。
　　_____ _____ the design _____ ?

(3) この時計はもらったのです。買ったのではありません。
　　This watch _____ _____ _____ me. I didn't buy it.　〔広島大附高—改〕

(4) この古い建物は何と呼ばれていましたか。
　　_____ _____ this old building _____ ?

4 次の文を指示に従って書きかえなさい。　　　　　　　　　　　　　　　　　　（20点）

(1) My host mother put a *furoshiki* on the table. （受け身形の文に）　〔岡山朝日高—改〕

_____

(2) Beautiful medals are sold at that store. （ふつうの文に）　〔ノートルダム女学院高〕

_____

(3) When did they build this ship? (this ship を主語にして，受け身形の文に) 〔天理高〕

(4) Why did the family invite Mr. Smith to dinner? (受け身形の文に) 〔高知学芸高〕

5 次の各組の文がほぼ同じ内容になるように，＿＿に適語を入れなさい。 (10点)

(1) ｛ Where did you take these pictures?
　　 Where ＿＿＿＿＿ these pictures ＿＿＿＿＿? 〔土佐塾高〕

(2) ｛ You made a good speech today.
　　 A ＿＿＿＿ ＿＿＿＿ ＿＿＿＿ ＿＿＿＿ by you today. 〔埼玉―改〕

6 次の日本文に合うように，（ ）内の語を並べかえて，全文を書きなさい。 (24点)

(1) 『ハリー・ポッター』は世界中で多くの人々に読まれています。
　　 Harry Potter (by, people, read, many, is) all over the world. 〔沖縄〕

(2) その鳥は1枚の紙でできています。
　　 The (made, is, bird, of) a piece of paper.

(3) あなたはほかの人たちから必要とされていると感じたのですね。
　　 You (you, felt, needed, were) by other people, didn't you? 〔大分―改〕

(4) 私たちは昨年，彼から音楽を教わりました。
　　 We (by, him, were, music, taught) last year. 〔実践学園高―改〕

7 外国人の英語の先生に次のように言われたとき，あなたなら英語で何と言いますか。まとまりのある英文で5文以上書きなさい。 (10点)〔石川〕
"Which is more important to you, reading books or doing sports?"

Words & Phrases

- city hall「市役所」　　□keep「～を…に保つ」　　□the World Cup「ワールドカップ」
- Germany「ドイツ」　　□TV program「テレビ番組」　　□all over the world「世界中で」
- river「川」　　□host mother「ホストマザー」　　□medal「メダル」　　□store「店」　　□ship「船」
- speech「スピーチ」

2 受け身形 (2)

Step A Step B Step C

1 次の___にあてはまる語を下から選びなさい。ただし，同じ語は2度使わないこと。
(1) I'm excited _____ the news.
(2) The mountain is covered _____ snow.
(3) We are interested _____ studying wind power.
(4) The birds are looked _____ by the students.
(5) *Sake* is made _____ rice.
(6) The building is made _____ wood.
〔after, at, from, in, with, of〕

2 次の（　）内から適切なものを選び，○で囲みなさい。
(1) Two people were (kill, killing, killed) in the accident.
(2) We (teaches, teaching, is taught, are taught) music by Mr. Wada.
(3) The wild animals can (be, are, were) seen in the park.
(4) The doctor must (sent, sent for, be sent for, be sent) by the family.
(5) Which language (are, be, is, were) used in your house?
(6) If the book is published tomorrow, it (was, is, will be) bought by many people.

3 次の文を指示に従って書きかえなさい。
(1) Himeji Castle was built in 1346. （下線部をたずねる文に）
_____
(2) People usually call him Mike. （「彼」を主語にして受け身形の文に）
_____
(3) My birthday is July 5. （born を使って，ほぼ同じ内容の文に）
_____
(4) He's interested in Japanese culture. （下線部をたずねる文に）
_____
(5) The children looked after the dog. （受け身形の文に）
_____
(6) Horyu Temple is visited by a lot of people from all over the world. （ふつうの文に）
_____

4 次の文の意味を書きなさい。
(1) When was the teacher asked a question?
   (   )
(2) Two players were injured and taken to the nurse's office.
   (   )
(3) A *yunomi* is used when you drink tea.
   (   )

5 次の日本文に合うように，（　）内の語句を並べかえて，全文を書きなさい。
(1) 彼が入ったとき，台所は煙でいっぱいでした。
   (with, was, filled, the kitchen) smoke when he came in.
   _____

(2) 私たちはその知らせに驚きませんでした。
   We (the news, at, surprised, weren't).
   _____

(3) そこではたくさんの写真が撮られました。
   A (pictures, of, taken, lot, were) there.
   _____

6 次の文を英語で書きなさい。
(1) その国ではすべてが英語で書かれています。
   _____

(2) 誰がそのパーティーに招かれたのですか。
   _____

重要暗唱例文　　　　　　　　　　　　　　　　　　日本語に直しましょう。

❶ Your bag will be found soon.　（　　　　　　　　　　　　　　）
❷ The bridge is being built now.　（　　　　　　　　　　　　　　）
❸ The work has just been done.　（　　　　　　　　　　　　　　）

❶ あなたのかばんはすぐに見つかるでしょう。　❷ その橋は今，建設されているところです。
❸ その仕事はちょうど終えられたところです。

Words & Phrases

□wind power「風力」　□áccident「事故」　□wild animal「野生動物」　□publish「～を出版する」
□smoke「煙」

1 次の（ ）内から適切なものを選び，○で囲みなさい。 （10点）

(1) The car has (uses, been using, been used, used) for a few years.
(2) Five books can (be, are, were, been) borrowed from the city library.
(3) Last Sunday, when I was going home, I was (speaking, spoken, speak, speaks) to by a woman. 〔鹿児島—改〕
(4) He was (laughs, laughed, laughed at, laugh) by his friends.
(5) The letter was written (by, in, on, at) beautiful gold ink. 〔慶應義塾女子高—改〕

2 次の日本文に合うように，＿＿に適語を入れなさい。 （12点）

(1) 2020年のオリンピックの開催地は東京です。 〔広島大附高〕
The 2020 Olympic Games ＿＿＿＿ ＿＿＿＿ ＿＿＿＿ in Tokyo.
(2) 私のおじはカナダ人の女性と結婚しています。
My uncle ＿＿＿＿ ＿＿＿＿ ＿＿＿＿ a Canadian woman.
(3) 5人の人がその事故で亡くなりました。
Five people ＿＿＿＿ ＿＿＿＿ ＿＿＿＿ the accident.
(4) メアリーはクラシック音楽に興味がありません。
Mary ＿＿＿＿ ＿＿＿＿ ＿＿＿＿ classical music.

3 次の文を指示に従って書きかえなさい。 （24点）

(1) A car ran over a dog.（受け身形の文に）

(2) The guide will show you the way.（You を主語にしてほぼ同じ内容の文に）

(3) You must keep your room clean.（受け身形の文に）

(4) The cat was found under the car.（下線部をたずねる文に）

(5) The picture was painted by his father.（下線部をたずねる文に）

(6) The store is closed at 8 p.m. every day.（下線部を tomorrow にかえて）

Step B

4 次の日本文に合うように、（ ）内の語句を並べかえて、全文を書きなさい。 (20点)

(1) この公園でそのウサギが見つかるかもしれません。
The rabbit (be, in, found, may, this) park.

_____

(2) 私は日本生まれですが、オーストラリアで育てられました。
I was born in Japan, but I (Australia, raised, was, in).

_____

(3) もし今度の日曜日が雨なら、試合は延期されるでしょう。
If it's rainy next Sunday, (put, will, off, the game, be).

_____

(4) 何が音楽部によって演奏されたのですか。
(the music club, was, what, by, played) ?

_____

5 誤りのある部分の記号を○で囲み、その誤りを直して全文を書きなさい。 (18点)

(1) I was stolen my money in a crowded train, so I made a call to the police station.
　　　　ア　　　　　　　イ　　　　　　　ウ　　　エ
〔愛光高—改〕

(2) Ken is so healthy that he has not been caught a cold this winter.
　　　　ア　　　イ　　　　　ウ　　　　　　　　　エ
〔関西学院高等部〕

(3) He doesn't want anyone to be known that he is going to the place.
　　　　　　　　ア　　　イ　　　　　　　ウ　　エ
〔久留米大附高—改〕

6 オーストラリアの中学生たちが、あなたの学校を訪問することになりました。あなたは、クラスの代表として歓迎のあいさつをすることになりました。どのようなことを話しますか。その内容を、次の "Hello, everyone." に続けて、　　の中に、5行以内の英文で書きなさい。
(16点)〔新潟〕

Hello, everyone.

_____
_____
_____
_____

Words & Phrases

□ bórrow「〜を借りる」　□ city library「市立図書館」　□ run over「〜をひく」　□ rabbit「ウサギ」
□ crowded「混雑した」　□ police station「交番」　□ healthy「健康的な」

3 現在分詞

Step A Step B Step C

1 次の( )内から適切なものを選び，○で囲みなさい。
(1) Are you (take, taking, taken) pictures of the flower?
(2) Look at the birds (sing, sings, singing) in the tree.
(3) Who are those boys (dance, dances, dancing) on the street?
(4) There are a lot of (work, working, worked) women in my office.
(5) My friend (stays, stayed, staying) in London sent me a letter.

2 次の日本文に合うように，___に適語を入れなさい。
(1) あの走っている生徒はローズです。
    That _____ _____ is Rose.
(2) 彼に話しかけている人は誰ですか。
    Who is the _____ _____ _____ him?
(3) 私は空港へ彼らを迎えに行くつもりです。
    I _____ _____ _____ meet them at the airport.
(4) 今，何をしているのですか。
    _____ are you _____ now?
(5) 私たちはこの前の週末，その湖へ釣りに行きました。
    We _____ _____ at the lake last weekend.

3 次の日本文に合うように，( )内の語句を並べかえて，全文を書きなさい。
(1) 赤ちゃんは夜中，泣き続けました。
    (crying, the, kept, baby) all night.

(2) 舞台でピアノを弾いている女の子は，僕の妹です。
    The girl (the stage, the piano, on, playing) is my sister.

(3) 自転車に乗っている男の子を知っていますか。
    Do you know (the, the boy, bike, riding)?

4 次の文の意味を書きなさい。

(1) No one was in that burning house.
（　　　　　　　　　　　　　　　　　　　　　　　　）

(2) He is a walking dictionary.
（　　　　　　　　　　　　　　　　　　　　　　　　）

(3) Let's go skating on the lake.
（　　　　　　　　　　　　　　　　　　　　　　　　）

(4) The largest animal living on earth is the elephant.
（　　　　　　　　　　　　　　　　　　　　　　　　）

(5) Who is the boy standing over there?
（　　　　　　　　　　　　　　　　　　　　　　　　）

(6) She is drawing a picture of a sleeping cat.
（　　　　　　　　　　　　　　　　　　　　　　　　）

5 次の各組の文がほぼ同じ内容になるように，＿＿に適語を入れなさい。

(1) { The dog is lying on the sofa. Is that yours?
　　Is that ＿＿＿＿＿ ＿＿＿＿＿ ＿＿＿＿＿ the sofa yours?

(2) { We went to the market yesterday to do shopping.
　　We ＿＿＿＿＿ ＿＿＿＿＿ in the market yesterday.

6 次の文を英語で書きなさい。

(1) 待合室に3人の女の子がいます。

(2) 彼は2, 3分前に，電話で話をしていました。

重要暗唱例文　　　　　　　　　　　日本語に直しましょう。

❶ That sleeping baby is my sister.　（　　　　　　　　　　　　　）
❷ The boy playing tennis is Ted.　（　　　　　　　　　　　　　）

❶ その眠っている赤ん坊は私の妹です。　❷ テニスをしている男の子はテッドです。

Words & Phrases

□airport「空港」　□on earth「地球上，世界中」　□elephant「象」　□lying　lie（横たわる）の ing 形

Step A **Step B** **Step C**

●時間 30分　●得点
●合格点 70点　　　　点

1 次の（ ）内から適切なものを選び，○で囲みなさい。　　　　　　　　　　　　　　　　（8点）
(1) I'm (coming, enjoying, looking, going) forward to meeting you.　〔青雲高—改〕
(2) In (develop, develops, developing, to develop) countries, women produce more food than men do.　〔桐朋高—改〕
(3) I'm (leave, left, leaving, to leave) in thirty minutes.　〔豊島岡女子学園高—改〕
(4) The vehicle (to run, runs, ran, running) on that highway crashed into another car.
(5) We saw Jiro (lies, to lie, lying, to lying) under the tree in the garden.　〔郁文館高〕

2 次の（ ）内の語を適する形に書きかえなさい。　　　　　　　　　　　　　　　　（6点）
(1) There were some friends ＿＿＿＿＿ as the restaurant staff. （work）　〔青森—改〕
(2) Where is a good place ＿＿＿＿＿ ＿＿＿＿＿ in Iwate ?　（go）　〔岩手—改〕

3 次の会話の（ ① ），（ ② ）に入れるのに最も適切な英語を，1語ずつ書きなさい。
　　　　　　　　　　　　　　　　　　　　　　　　　　　　　　　　　　　（6点）〔岐阜〕

Teacher: There are two months beginning with 'M', March and May. What are the months beginning with 'A' ?
Student: They are (①) and (②).
Teacher: Good. Which do you like better, (①) or (②) ?
Student: I like (②) better. In Japan we have many summer festivals in this month.

①＿＿＿＿＿
②＿＿＿＿＿

4 次の各組の文がほぼ同じ内容になるように，＿＿に適語を入れなさい。　　　　　（12点）
(1) ｛ That woman is speaking French. I have met her before.
　　 I have met that ＿＿＿＿＿ ＿＿＿＿＿ French before.
(2) ｛ These people live in this area. They grow vegetables.
　　 These people ＿＿＿＿＿ ＿＿＿＿＿ this area grow vegetables.　〔関西学院高等部〕
(3) ｛ When I saw the boy, he was crossing the street.
　　 I ＿＿＿＿＿ the boy ＿＿＿＿＿ the street.
(4) ｛ Can you see the man wearing the heavy overcoat over there ?
　　 Can you see the man ＿＿＿＿＿ the heavy overcoat ＿＿＿＿＿ over there ?　〔愛光高〕

Step B

5 意味が通る文になるように，次の（　）内の語句を並べかえて，全文を書きなさい。（24点）

(1) (turned off, in, people, the building, working) the lights to see the stars. 〔北海道—改〕

(2) (before, time, we, have, reading, class) from 8:20 to 8:30. 〔宮城—改〕

(3) This year, (go, a trip, planning, to, she's, on) in October. 〔秋田—改〕

6 次の日本文に合うように，（　）内の語句を並べかえて，全文を書きなさい。（24点）

(1) 一緒に買い物に行きませんか。 〔函館ラ・サール高—改〕
(shopping, you, don't, why, go) with me?

(2) その木の下で水を飲んでいる女の子はサリーです。
(The girl, under, drinking, is, the tree, water) Sally.

(3) このあたりで青いTシャツを着た少年を見かけましたか。 〔北海道—改〕
Did you (a blue T-shirt, a boy, see, wearing) around here?

7 休日に家の外にいたジャック(Jack)と弟のサム(Sam)と犬のロッキー(Rocky)のところへ，お父さん(Dad)がやってきました。この場面で，お父さんの言葉に対してジャックは何と答えるとあなたは思いますか。その言葉を英語で書きなさい。
ただし，語の数は20語程度（. , ? ! などの符号は語数に含まない。）とすること。（20点）〔千葉〕

> Help me, Jack!

Words & Phrases

☐ develop「発展する」　☐ staff「職員，従業員」　☐ vegetable「野菜」　☐ cross「〜を横切る」
☐ heavy「重い」　☐ overcoat「オーバー」　☐ turn off「〜を消す」

4 過去分詞

Step A Step B Step C

1 次の（ ）内から適切なものを選び，○で囲みなさい。
(1) Look at the man (walk, walked, walking) on the roof.
(2) Yuji took his (break, broken, breaking) bike to the repair shop.
(3) Sarah is (hold, held, holding) a cat in her arms.
(4) Did you have the book (publish, published, publishes) last week?
(5) I ate a (boil, boiled, boiling) egg for breakfast.

2 次の日本文に合うように，＿＿に適語を入れなさい。
(1) 『坊っちゃん』は漱石によって書かれた小説です。
 Botchan is a novel ＿＿＿＿＿ ＿＿＿＿＿ Soseki.
(2) あなたはクラシック音楽に興味はありますか。
 ＿＿＿＿＿ you ＿＿＿＿＿ ＿＿＿＿＿ classical music?
(3) オーストラリアで話されている言語は何ですか。
 What is the ＿＿＿＿＿ ＿＿＿＿＿ in Australia?
(4) センターから送られてきた情報が最も重要でした。
 The information ＿＿＿＿＿ ＿＿＿＿＿ the center was the most important.
(5) これが川の中で発見されたかばんです。
 This is ＿＿＿＿＿ ＿＿＿＿＿ ＿＿＿＿＿ in the river.

3 次の文の意味を書きなさい。
(1) My father has a car that was made in England.
 (　　　　　　　　　　　　　　　　　　　　　　　　　　　　)
(2) A man named Kevin called you a while ago.
 (　　　　　　　　　　　　　　　　　　　　　　　　　　　　)
(3) His brother bought a used car yesterday.
 (　　　　　　　　　　　　　　　　　　　　　　　　　　　　)
(4) The vase broken by the child was expensive.
 (　　　　　　　　　　　　　　　　　　　　　　　　　　　　)
(5) Rome was not built in a day.
 (　　　　　　　　　　　　　　　　　　　　　　　　　　　　)

4 次の日本文に合うように，（　）内の語句を並べかえて，全文を書きなさい。

(1) 富士山の頂上は雪でおおわれています。
The top of Mt. Fuji (with, is, snow, covered).

(2) この浴衣はおばがくれたものです。
This *yukata* (me, given, was, to) by my aunt.

(3) 空手は素手と素足で行われるスポーツです。
Karate is a sport (bare hands, feet, practiced, and, with).

(4) 祖父は村人全員に知られている医師です。
My grandfather is a (known, everyone, to, doctor) in the village.

5 次の文を英語で書きなさい。ただし，（　）内の語を使うこと。

(1) これはピカソによって描かれた絵です。　（Picasso）

(2) 私たちはたくさんの落ち葉を集めました。　（fallen）

(3) ユミによって焼かれたケーキは売り切れました。　（baked, cakes）

(4) 父に植えられた野菜は立派に育っています。　（planted, well）

重要暗唱例文　　　　　　　　　　　　　　　日本語に直しましょう。

❶ English is spoken in Australia.　（　　　　　　　　　　　）
❷ There are three boiled eggs here.　（　　　　　　　　　　　）
❸ He has a TV made in Japan.　（　　　　　　　　　　　）

❶ 英語はオーストラリアで話されています。　❷ ここにゆでたまごが3個あります。
❸ 彼は日本製のテレビを持っています。

Words & Phrases

☐ repair「修理」　　☐ boil「〜をゆでる」　　☐ novel「小説」　　☐ a while「少しの間」
☐ bare「むき出しの」　　☐ village「村」

Step B

1 次の（　）内から適切なものを選び，○で囲みなさい。　　　　　　　　　　　　　（10点）

(1) I saw a lot of (excite, excited, exciting) fans.
(2) This bridge (was building, has built, was built, builds) about 100 years ago. 〔岩手—改〕
(3) The event was (hold, held, holding, to hold) at Fuji University.
(4) Were the people (live, lived, to live, living) this simple lifestyle happy? 〔市川高—改〕
(5) That is her favorite doll (to give, giving, given, gave) to her by Uncle Jim on her third birthday. 〔修道高〕

2 次の日本文に合うように，＿＿に適語を入れなさい。　　　　　　　　　　　　　（20点）

(1) トムはグリーン・ビレッジと呼ばれる公園の隣に住んでいました。　〔東京学芸大附高—改〕
   Tom lived next to a _____ _____ the green village.
(2) 私たちは彼女の話に感動しました。
   We _____ _____ by her story.
(3) これはあなたのお母さんが作ったケーキですか。
   Is this the cake _____ _____ your mother? 〔十文字高—改〕
(4) 秋山氏が合衆国に持っていった陶器は人気がある。
   The pottery _____ _____ the United States _____ Mr. Akiyama is popular. 〔青山学院高—改〕
(5) 夏は，氷がいっぱい入ったボトルを持参したほうがよい。
   In summer you should bring a bottle _____ _____ ice.

3 次の各組の文がほぼ同じ内容になるように，＿＿に適語を入れなさい。　　　　　　（25点）

(1) ｛ Ken took these pictures in England.
     These are the pictures _____ _____ Ken in England. 〔愛知淑徳高〕

(2) ｛ Look at the iron bridge.
     Look at the bridge _____ of iron. 〔滝川高〕

(3) ｛ Do you know the name of this vegetable? 〔大阪教育大附高（平野）〕
     Do you know _____ this vegetable _____ _____?

(4) ｛ Masao drew these pictures of Yoko two years ago. 〔法政二高〕
     These pictures of Yoko _____ _____ by Masao two years ago.

(5) ｛ Her bag was stolen in the train.
     She _____ her bag _____ in the train.

4 次の日本文に合うように，（　）内の語句を並べかえて，全文を書きなさい。　（24点）

(1) 昨日，ケイコはトムに和紙でできた花をあげた。
Keiko (Tom, Japanese paper, of, some flowers, gave, made) yesterday.　〔洛南高—改〕

(2) 山頂から見える景色は時々刻々と変化しています。
The scenery (from, the mountain, of, seen, the top) is changing every hour.

(3) その川でとれた魚は食べないほうがよい。
You had better (caught, not, fish, eat, in, the) the river.　〔(2),(3)桐蔭学園高—改〕

(4) 私はアンと呼ばれたいです。
I (Ann, called, want, be, to).

5 次の文を英語で書きなさい。ただし，（　）内の語を使うこと。　（14点）

(1) その店はフランス製の自転車を販売することで有名です。　（selling, famous）　〔千葉—改〕

(2) 彼は脚を組んで座っていました。　（crossed, sitting）

6 次の英文は，"My treasure" をテーマにした英語の授業で，先生が生徒に話した内容です。これを読み，〔問〕に答えなさい。　（7点）〔和歌山〕

Do you know the English word "treasure"? Let's find the word in the dictionary and write what it means in your notebook.

treasure
名 ① （集合的に）宝物，財産
② （個々の）貴重品，宝物
③ 大事な人，最愛の者

Now, you understand what the word "treasure" means.
I have a question for you. What is your treasure?

〔問〕 下線部の質問に対する返答を，理由や説明を含めて，3文以上の英語で書きなさい。ただし，説明は全部で20語以上とし，符号(., ?! など)は語数に含まないものとします。

Words & Phrases

□excite「〜を興奮させる」　□pottery「陶器」　□steal「〜を盗む」　□scenery「景色」

3年 1〜4の復習 Step C

●時間 30分 ●合格点 70点 ●得点

1 次の（　）内から適切なものを選び、記号で答えなさい。 （3点×3—9点）

(1) The game those students are playing now（ア look　イ looks　ウ are looking　エ look at）exciting. 〔神奈川〕

(2) *Kinkakuji* is a temple（ア building　イ to build　ウ built　エ builds）in the 14th century. 〔中央大杉並高〕

(3) Ken was（ア spoken by　イ spoken to　ウ spoken by to　エ spoken to by）an American girl. 〔函館ラ・サール高〕

2 次の各組の文がほぼ同じ内容になるように、（　）に適語を入れなさい。 （5点×3—15点）

(1) { March 3 is my sister's birthday. / My sister was（　　　）（　　　）March 3. 〔高知学芸高〕

(2) { She must watch their baby very carefully. / Great care must be（　　　）of their baby. 〔青雲高—改〕

(3) { Why did she cry so hard? / What's her（　　　）（　　　）crying so hard? 〔早実高等部〕

3 次の日本文に合うように、（　）内の語句を並べかえて、全文を書きなさい。 （7点×3—21点）

(1) あそこで野球をしているあの男の子は誰ですか。
Who（playing, that, baseball, boy, is）over there? 〔青森—改〕

(2) カナダで何語が話されているか知っていますか。
Do you know（spoken, Canada, language, in, is, what）? 〔実践学園高—改〕

(3) 富士山の頂上から見える日の出は美しい。
The（the top, sun, rising, from, seen）of Mt. Fuji is beautiful. 〔桐蔭学園高—改〕

4 次の文を英語で書きなさい。 （9点×2—18点）

(1) フランスはドイツとスペインの間に位置している国です。 〔愛光高—改〕

(2) ケンは明日、出張で神戸に行くように言われました。 〔桐朋高—改〕

5 次の英文を読み，あとの問いに答えなさい。 〔大阪教育大附高(平野)—改〕

Long ago, there was an island called Mateveri. It was a small island in the ocean, and had little food. People ate fish, but that wasn't enough. They often fought one another to get more food. People were always thinking, "We A(eat / new / to / and / want / something) delicious !"

On Mateveri island, a woman lived in the *cave near the sea. Her name was Rarona. She had an old *skull. She always said, "I love this skull very much. I think this will bring people happiness someday."

One day, there was a great storm. Waves became higher and came into the cave. The skull went out into the sea. "Wait! Don't go!" Rarona went into the sea, too. She tried to swim fast and catch it. She kept on swimming after the skull, but the skull also moved fast. After a long time, it reached the beach of a different island, Matirohiva. Rarona was so tired that she fell down on the beach just a few meters from the skull.

When she got up, she looked around to find the skull. But she only saw a tall man. He asked, "Who are you? What are you doing here, in Matirohiva?" "I am (B) my skull," she answered. He smiled and said, "I WAS the skull. I am Makemake, the god of this island. The storm yesterday brought me here, and I was able to get back to the god."

Makemake often went hunting around Matirohiva island. Makemake especially liked birds. He often shared his food with Rarona. One day Rarona said to Makemake, "There are no birds to eat on our island, Mateveri. People have little food, and they often fight." Makemake thought for a moment and said, "OK, I'll send some birds to Mateveri. The people will enjoy eating them."

Makemake sent a large *flock of birds to Mateveri. The people became very happy and thanked him. They caught birds and ate them. After a year, they ate all the birds. Again, people had to eat only fish. c彼らはマケマケ(Makemake)に，食べるための鳥をもっと送ってほしかった。

A few years later, Makemake came to Mateveri to see (D) the birds were doing. He was surprised because there were no birds on the island. Makemake sent another large flock of birds to Mateveri. This time he said to the people, "I know you want to eat birds very much, but you have to wait. They will build nests and *lay eggs. After some time, you can eat more birds." People were listening carefully, Ebut they didn't really understand. Soon the birds built nests, and *laid many eggs. One day a man ate an egg a bird laid. It was good to eat! The people thanked Makemake because he brought two wonderful things. Before long, they ate them all. FEvery (①) and every (②). Then they waited for Makemake again.

注 cave 洞窟　skull 頭がい骨　flock 群れ　lay eggs 卵を産む　laid lay の過去形

(1) 下線部Aの( )内の語を並べかえなさい。 (7点)
(2) 本文中のBにあてはまる2語の英語を書きなさい。 (3点)
(3) 下線部Cの文を10語以内の英語で書きなさい。 (9点)
(4) 本文中のDにあてはまる語を選び，記号で答えなさい。 (2点)
　ア how　イ where　ウ when　エ why
(5) 下線部Eについて，人々が理解していなかった内容を，20字〜35字(句読点を含む)の日本語で書きなさい。 (10点)
(6) 下線部Fの(①)，(②)に，1語の英語を本文中から探し，書きなさい。(3点×2—6点)

長文問題(1)

次は，高校生の智子(Tomoko)，留学生のルーシー(Lucy)，谷先生(Mr. Tani)の3人が交わした会話の一部です。会話文を読んで，あとの問いに答えなさい。　〔大阪〕

Mr. Tani: Hello, Tomoko and Lucy. What are you talking about?
Lucy　　: Hello, Mr. Tani. We are talking about a test about Osaka. The test is about the history and culture of Osaka. Tomoko is going to take the test this year.
Mr. Tani: Oh. I see. You are talking about *Osaka Kentei*, right?
Tomoko : Yes.
Mr. Tani: One of my friends has taken the test. What kinds of questions are on the test?
Tomoko : Well, questions about ［　①　］ people in Osaka are often on the test. For example, some years ago, there was a question about Ogata Koan.
Lucy　　: Who is Ogata Koan?
Tomoko : He was a doctor. He wrote some books. And in 1838, he opened a school in Osaka. The name of his school is *Tekijuku*. Many young people came there ［　②　］ medicine. They read books written in Dutch and learned a lot from ₐthem.

Tekijuku（適塾）

Lucy　　: I see. You know very well about him, Tomoko.
Tomoko : Thank you. I've read many books about Osaka for the test. But I have to study more. ［　(a)　］
Mr. Tani: Sure. You should visit places in Osaka, and then you will find new and interesting things there.
Lucy　　: I would like to know more about Osaka, too. Tomoko, let's visit some places in Osaka together next Sunday.
Tomoko : Yes, let's. How about Osaka Castle?
Lucy　　: Great!

(One week later)

Mr. Tani: Did you enjoy visiting Osaka Castle?
Lucy　　: Yes. There is a museum in the castle, and I saw many interesting things there. There is a beautiful tea ceremony room in that museum.
Tomoko : Lucy liked the tea ceremony room very much.
Mr. Tani: That's good. And how about you, Tomoko? ［　(b)　］
Tomoko : Yes, I saw a very big stone in the wall near a gate of the castle. It's the biggest stone in Osaka Castle. Do you remember it?
Lucy　　: Yes. I was really surprised to see it.
Mr. Tani: You are talking about *Takoishi*. I hear it weighs about 130 tons.

Takoishi（蛸石）

Lucy　　: How could people in the past carry such a big stone? I want to know ʙthat.
Mr. Tani: I'm not sure, but some people say a kind of sled was used to carry big stones.
Tomoko : A kind of sled? Really? I would like to know more about it.
Lucy　　: Tomoko, you have many things to study for the test!

Tomoko : Yes. I learned a lot by reading books. And after I visited the castle, I have become more interested in the history and culture of Osaka. I want to visit many other interesting places in Osaka. ③

Mr. Tani: That's right!

Tomoko : And I want to tell the things I have learned about Osaka to people who come to Osaka.

注　test 試験　　history 歴史　　take （試験を）受ける　　*Osaka Kentei* 大阪検定
　　Ogata Koan 緒方洪庵（おがたこうあん）　　medicine 医学　　Dutch オランダ語
　　tea ceremony room 茶室　　stone 石　　wall 壁　　gate 門　　weigh ～ ～の重さがある
　　ton トン（重さの単位）　　past 昔　　carry 運ぶ　　sled そり

(1) 本文中の ① には「有名な」という意味の英語1語が入ります。その語を書きなさい。

(10点)

(2) 次のうち，本文中の ② に入れるのに最も適しているのはどれですか。一つ選び，記号を書きなさい。

(15点)

　ア．study　　　イ．studies
　ウ．studied　　エ．to study

(3) 本文中の A them の表している内容にあたる一つづきの英語4語を本文中から抜き出して書きなさい。

(15点)

(4) 本文の内容から考えて，次のうち本文中の (a) , (b) に入れるのに最も適している英語はそれぞれどれですか。一つずつ選び，記号を書きなさい。

(10点×2―20点)

　ア．Did you find it yesterday?
　イ．Did you want to visit Osaka?
　ウ．Did you find any interesting things?
　エ．Was it difficult to remember them?
　オ．Are there any good ways to study more about Osaka?

(a)　　　　　(b)

(5) 本文中の B that の表している内容を述べたところが本文中にあります。その内容を日本語で書きなさい。

(20点)

(6) 本文中の ③ が，「それらの場所を訪れることもまた大切だと私は思います。」という内容になるように，英語で書きなさい。

(20点)

5 現在完了 (1)

Step A 〉 Step B 〉 Step C

1 次の( )内から適切なものを選び，○で囲みなさい。
(1) I have (lived, living, lives) in Nagoya since I was born.
(2) My father (have, has, having) wanted this car for a long time.
(3) Have you studied English for three years? — Yes, I (do, have, did).
(4) Tom and I have been good friends (for, since, from) we were children.
(5) How long (has, does, did) George stayed with his uncle in New York?

2 次の日本文に合うように，___に適語を入れなさい。
(1) 私は3年間ずっとこの辞書を使っています。
　_____ _____ this dictionary _____ three years.
(2) 彼らは先月からずっとピアノを練習していません。
　They _____ _____ the piano since last month.
(3) この町は当時からかわりません。
　This town _____ _____ _____ then.
(4) この前の日曜日からずっと寒い。
　_____ _____ _____ since last Sunday.
(5) あなたたちはどれくらいバスを待っていますか。
　_____ _____ have you _____ for the bus?

3 例にならって，次の文を現在完了の文に書きかえなさい。
〔例〕 I know Ken. （5年間）　I have known Ken for five years.
(1) I learn *shodo*. （4年間）
_____
(2) Koji watches tennis on TV. （6時から）
_____
(3) I practice *karate*. （小学生の頃から）
_____
(4) She is in the hospital. （1ヶ月間）
_____

Step A

4 次の文を指示に従って書きかえなさい。
(1) They have been married for ten years. （疑問文に）
_____
(2) I have seen Emi for a few days. （否定文に）
_____
(3) Tom has been sick <u>for one week</u>. （下線部をたずねる疑問文に）
_____

5 次の日本文に合うように，（ ）内の語句を並べかえて，全文を書きなさい。
(1) 私は昨日からずっと忙しい。
(been, I, since, busy, have) yesterday.
_____
(2) あなたは看護師になってどれくらいたつのですか。
How long (a nurse, you, been, have)?
_____
(3) 私たちは何年もの間知り合いです。
We (for, known, other, have, each) many years.
_____

6 次の文を英語で書きなさい。
(1) 7時からずっと雪が降っています。
_____
(2) あなたは長い間ずっと茶道に興味を持っているのですか。
_____

重要暗唱例文　　　　　　　　　　　　日本語に直しましょう。

❶ I have lived in Osaka since 1990.　（　　　　　　　　　　）
❷ I have not seen Mary for two years.　（　　　　　　　　　　）
❸ How long have you stayed here?　（　　　　　　　　　　）
　— For a week.　　　　　　　　　　　（　　　　　　　　　　）

❶ 私は 1990 年から大阪に住んでいます。　❷ 私は 2 年間，メアリーに会っていません。
❸ あなた（たち）はここにどれくらい滞在していますか。— 1 週間です。

Words & Phrases

☐ stay with ~ 「~の家に滞在する」　　☐ sick「病気の」　　☐ each other「おたがいに」

Step B

1 次の( )内から適切なものを選び，○で囲みなさい。　　　　　　　　　　　　　（8点）

(1) Her grandmother has been (dies, died, death, dead) for ten years. 〔慶應義塾志木高〕
(2) We have (are, were, be, been) good friends since then. 〔島根—改〕
(3) (It, I've, Its, It's) not rained since last Tuesday.
(4) My sister has been in London (for, during, at, since) the end of May. 〔駿台甲府高〕

2 次の対話文が成り立つように，＿＿に適語を入れなさい。　　　　　　　　　　　（12点）

(1) A: Do you know him well?
　　B: Yes, I've ＿＿＿＿＿＿ him for 20 years. 〔沖縄〕
(2) A: Hi, I'm Yumi. I'm from Japan.
　　B: Hi, I'm Bin. I'm from Korea. How ＿＿＿＿＿＿ days have you stayed here?
　　A: ＿＿＿＿＿＿ five days. This city is great.
(3) A: ＿＿＿＿＿＿ ＿＿＿＿＿＿ have they known each other?
　　B: Since they were at elementary school, I heard. 〔明治大付属中野高—改〕

3 次の各組の文がほぼ同じ内容になるように，＿＿に適語を入れなさい。　　　　　（8点）

(1) ｛ He came to Japan ten years ago. He is still in Japan.
　　　He ＿＿＿＿＿＿ ＿＿＿＿＿＿ in Japan for ten years.
(2) ｛ Tom hasn't seen Nancy for ten years.
　　　Ten years ＿＿＿＿＿＿ ＿＿＿＿＿＿ since Tom last saw Nancy. 〔郁文館高〕

4 次の文の意味を書きなさい。　　　　　　　　　　　　　　　　　　　　　　　（16点）

(1) You have been in Japan for a year. 〔石川—改〕
　　(　　　　　　　　　　　　　　　　　　　　　　　　　　　　　　　　　)
(2) How long have you stayed in this hotel?
　　(　　　　　　　　　　　　　　　　　　　　　　　　　　　　　　　　　)
(3) I have not seen him for several months.
　　(　　　　　　　　　　　　　　　　　　　　　　　　　　　　　　　　　)
(4) My father has studied computer science since he was a college student.
　　(　　　　　　　　　　　　　　　　　　　　　　　　　　　　　　　　　)

Step B

5 次の文を指示に従って書きかえなさい。 (12点)

(1) Takao has skated since he was six. (疑問文に)

(2) It's been sunny since this morning. (否定文に)

(3) How are you? (for a long time をつけ加えて現在完了の文に)

6 次の日本文に合うように, ( )内の語を並べかえて, 全文を書きなさい。 (20点)

(1) 私はそのときから英語を習いたいと思っていました。
I (learn, wanted, since, have, to, English) then.　〔日本大高—改〕

(2) 彼は先週の土曜日からずっと病気で寝ています。
He (been, in, bed, has, since, sick) last Saturday.　〔法政大第二高—改〕

(3) トムと私は知り合って3年になります。
Tom and I (other, each, three, known, for, have) years.　〔洛南高—改〕

(4) あなたたちは何年間, この都市に住んでいますか。
How many (have, in, lived, years, you) this city?　〔千葉〕

7 次の〔質問〕に対する答えを, 下の〔指示〕に従って, 30語以上の英語で書きなさい。2文以上になってもかまいません。ただし, コンマ(,)やピリオド(.)などは語数に含みません。
(24点)〔佐賀〕

〔質問〕 あなたがこれまで継続して行っていることは何ですか。そして, そのことから何を学びましたか。

〔指示〕 ・「これまで継続して行っていること」の例を1つ書くこと。
　　　 ・何を学んだかを書くこと。

Words & Phrases

□rain「雨が降る」　□last「最後に」　□séveral「いくつかの」　□compúter science「コンピューター科学」

6 現在完了 (2)

Step A > Step B > Step C

1 次の___にあてはまる語を下から選び，適する形にかえて書きなさい。ただし，同じ語を2度使わないこと。

(1) We have _____ to these songs several times.
(2) How many times have you _____ the movie on TV?
(3) Have you ever _____ the novel?
(4) My sister has often _____ golf.
(5) Have they ever _____ London?
(6) I've never _____ to Hokkaido.
(7) I have _____ a whale once.
(8) You haven't _____ a car, have you?

[be, drive, listen, play, see, read, visit, watch]

2 次の( )内から適切なものを選び，○で囲みなさい。

(1) My brother (bought, has bought) the book yesterday.
(2) I have (climb, climbed) Mt. Fuji once.
(3) I (heard, have heard) the story ten times last year.
(4) When (did, have) you cut the tree in the garden?
(5) I have (wrote, written) e-mails in English many times.
(6) I (went, have been) to a *rakugo* show last Sunday.

3 次の文の意味を書きなさい。

(1) Have you ever heard of a *daibutsu*?

(2) I've never been to a foreign country.

(3) I've been in Kyoto for a week.

(4) My grandparents have never traveled by plane.

(5) They have eaten lunch in the restaurant before.

4 次の日本文に合うように，（　）内の語句を並べかえて，全文を書きなさい。

(1) 将棋をしたことがありますか。
   (shogi, played, ever, have, you)?

_____

(2) 私はご飯を食べるのに，フォークを使ったことがありません。
   I (a fork, used, to, have, eat, never, rice).

_____

(3) 私はこんなにおいしいケーキを作ったことがありません。
   I (such, cake, a, made, never, delicious, have).

_____

(4) あなたは何回その公園に行ったことがありますか。
   (have, been, how, you, often) to the park?

_____

(5) 私はそんなに美しい絵を見たことがありません。
   (such, seen, I, never, have) a beautiful picture.

_____

5 次の文を英語で書きなさい。ただし，（　）内の語を使うこと。

(1) あなたは以前，彼女に会ったことがありますか。(ever)

_____

(2) 父は2回，カナダへ行ったことがあります。(twice)

_____

(3) 私はかつて英語の手紙を書いたことがあります。(once)

_____

重要暗唱例文　　　　　　　　　　　　　　日本語に直しましょう。

❶ I have been to Kyoto before.　　（　　　　　　　　　　　　）
❷ Have you ever visited Kyoto?　　（　　　　　　　　　　　　）

❶ 私は以前，京都へ行ったことがあります。　❷ あなた(たち)は今までに京都を訪れたことがありますか。

Words & Phrases

□several times「数回」　□whale「くじら」　□climb「～に登る」　□foreign country「外国」
□fork「フォーク」

Step B

●時間 30分　●得点
●合格点 70点　　　点

1 次の（　）内から適切なものを選び，○で囲みなさい。　（12点）

(1) Where have you (go, went, been, going)?　〔広島〕

(2) A: How many times (did, do, does, have) you been to Hokkaido?
　　B: I don't remember, but I enjoyed skiing there.　〔大阪教育大附高(平野)―改〕

(3) A: (Do, Did, Have, Were) you ever visited Kyoto?
　　B: Yes, three times.　〔新潟〕

(4) A: Have you ever listened to this song?
　　B: Yes, I (have, am, did, haven't). It's my favorite song.　〔栃木―改〕

(5) Last week I (find, found, have found, was finding) this bag in Kofu while I was shopping there.　〔駿台甲府高―改〕

(6) A: I'm going to visit Canada next week. Have you ever (are, be, been, were) to the country?
　　B: Yes, I have. I stayed there for ten days.　〔愛媛―改〕

2 次の日本文に合うように，＿＿に適語を入れなさい。　（16点）

(1) メアリーは一度もこの新しいコンピューターを使ったことがありません。
　　Mary ＿＿＿＿＿ never ＿＿＿＿＿ this new computer.

(2) 私たちはしばしば校庭でサッカーをしたことがあります。
　　We ＿＿＿＿＿ often ＿＿＿＿＿ soccer in the schoolyard.

(3) あなたは今までに十和田湖へ行ったことがありますか。
　　Have you ＿＿＿＿＿ ＿＿＿＿＿ ＿＿＿＿＿ Lake Towada?　〔秋田―改〕

(4) エミは今まで，1人で旅行したことがありません。
　　Emi's never ＿＿＿＿＿ ＿＿＿＿＿ before.　〔城北高―改〕

3 次の各組の文がほぼ同じ内容になるように，＿＿に適語を入れなさい。　（18点）

(1) { The boys came to the park this morning and they are still there.
　　 The boys have ＿＿＿＿＿ ＿＿＿＿＿ the park since this morning.

(2) { She has never visited this museum before.
　　 This is her ＿＿＿＿＿ ＿＿＿＿＿ to this museum.　〔大阪星光学院高〕

(3) { I saw the movie three times last month. I saw it today, too.
　　 I ＿＿＿＿＿ ＿＿＿＿＿ the movie four times.

Step B

4 次の日本文に合うように，（ ）内の語句を並べかえて，全文を書きなさい。 （30点）

(1) 私たちは以前，その町にいたことがあります。
We (before, been, the town, have, in).

(2) あなたはかつて高尾山に登ったことがありますか。
(ever, Mt. Takao, have, climbed, you) ?

(3) あなたは日本の映画を見たことがありますか。
(a Japanese movie, ever, you, have, seen) ? 〔島根—改〕

(4) あなたは外国へ行ったことがありますか。
Have you (a, to, been, ever, country, foreign) ? 〔立命館高〕

(5) 私はこのことについて，新潟の多くの人と話したことがあります。 〔新潟—改〕
I (many, to, people, have, talked) in Niigata about this.

(6) 私はこんなに興奮する物語は今まで読んだことがありません。
I have (an exciting, read, never, story, such). 〔桐蔭学園高—改〕

5 ケンタは夏休みにオーストラリアでホームステイをする予定である。ケンタの立場で以下の①〜⑤の内容を含んだホストファミリーへのメールを英語で書け。 （24点）〔広島大附高〕

Dear Mr. and Mrs. White,

Hello. My name is Suzuki Kenta. I am a junior high school student in Japan. I'd like to write about myself.

① 5人家族であること
② 学校のバスケットボール部に所属していること
③ 海外への渡航歴はないこと
④ オーストラリアの歴史をずっと学びたいと思っていたこと
⑤ あなた方に会えるのを楽しみにしていること

Sincerely,
Suzuki Kenta

Words & Phrases

□ favorite「大好きな」　□ schoolyard「校庭」

7 現在完了 (3)

Step A Step B Step C

1 次の( )内から適切なものを選び，○で囲みなさい。
(1) He has just (come, came, comes, coming) back from school.
(2) Have you (eat, ate, eaten, eating) lunch yet?
(3) They have already (clean, cleaned, cleaning, to clean) their room.

2 次の日本文に合うように，＿＿に適語を入れなさい。
(1) 私はすでに宿題をし終わりました。
　　I have already ＿＿＿＿ ＿＿＿＿ homework.
(2) その犬はたった今逃げたところです。
　　The dog has just ＿＿＿＿ ＿＿＿＿ .
(3) ケンはもう学校へ行きましたか。
　　＿＿＿＿ Ken gone to school ＿＿＿＿ ?
(4) あなたの手紙は私の事務所に届いています。
　　Your letter ＿＿＿＿ ＿＿＿＿ at my office.
(5) 彼はもうすでにハワイに出発してしまいました。
　　He ＿＿＿＿ ＿＿＿＿ ＿＿＿＿ for Hawaii.

3 次の文を指示に従って書きかえなさい。
(1) You have washed the dishes. （yet をつけ加えて，疑問文に）
　　＿＿＿＿＿＿＿＿＿＿＿＿＿＿＿＿＿＿＿＿＿＿＿＿＿＿＿＿
(2) I have seen that movie. （yet をつけ加えて，否定文に）
　　＿＿＿＿＿＿＿＿＿＿＿＿＿＿＿＿＿＿＿＿＿＿＿＿＿＿＿＿
(3) She goes shopping. （just を補って現在完了の文に）
　　＿＿＿＿＿＿＿＿＿＿＿＿＿＿＿＿＿＿＿＿＿＿＿＿＿＿＿＿
(4) <u>Mary</u> has just made lunch. （下線部をたずねる文に）
　　＿＿＿＿＿＿＿＿＿＿＿＿＿＿＿＿＿＿＿＿＿＿＿＿＿＿＿＿
(5) We've received <u>some presents</u>. （下線部をたずねる文に）
　　＿＿＿＿＿＿＿＿＿＿＿＿＿＿＿＿＿＿＿＿＿＿＿＿＿＿＿＿
(6) I bought a ticket for the concert. （already を補って現在完了の文に）
　　＿＿＿＿＿＿＿＿＿＿＿＿＿＿＿＿＿＿＿＿＿＿＿＿＿＿＿＿

4 次の文の意味を書きなさい。

(1) The train has already started.
　（　　　　　　　　　　　　　　　　　　　　　　　　　　）

(2) I haven't seen him lately.
　（　　　　　　　　　　　　　　　　　　　　　　　　　　）

(3) They have recently moved to Yokohama.
　（　　　　　　　　　　　　　　　　　　　　　　　　　　）

(4) Has she left home yet?
　（　　　　　　　　　　　　　　　　　　　　　　　　　　）

(5) Jiro has just begun his homework.
　（　　　　　　　　　　　　　　　　　　　　　　　　　　）

5 次の日本文に合うように，（　）内の語句を並べかえて，全文を書きなさい。

(1) 弟はもう犬を散歩に連れて行きました。
My brother (already, the dog, walked, has).

(2) アキのチームは今年になってまだ一試合も負けていません。
Aki's team (any, lost, games, hasn't, yet) this year.

(3) 私たちは，たった今夕食を食べました。
(we, just, dinner, eaten, have).

(4) ミノルはまだハルオの家を見つけていません。
Minoru hasn't (yet, house, Haruo's, found).

6 次の文を英語で書きなさい。

(1) たった今，その本を読み終えたところです。
　（　　　　　　　　　　　　　　　　　　　　　　　　　　）

(2) もうその馬の絵を描き終えたのですか。
　（　　　　　　　　　　　　　　　　　　　　　　　　　　）

重要暗唱例文　　　　　　　　　　　　日本語に直しましょう。

❶ I have already cleaned my room.　（　　　　　　　　　　　　　）
❷ He has just finished lunch.　（　　　　　　　　　　　　　）

❶ 私はすでに部屋をそうじしました。　❷ 彼はちょうど昼食を終えました。

Words & Phrases

□walk「〜を散歩に連れていく」　　□drawn　draw（描く）の過去分詞

Step A ❯ **Step B** ❯ **Step C**

● 時間 30分　● 得点
● 合格点 70点　　　点

1 次の（ ）内から適切なものを選び，○で囲みなさい。　（12点）

(1) You have not (clean, cleaned, cleaning, to clean) your room, have you?　〔愛光高―改〕

(2) How have you been (live, lived, living, to live) here in Canada?　〔青山学院高―改〕

(3) More than 10,000 years ago people (need, needed, needs, have needed) no homes.
〔市川高―改〕

(4) Places have also (become, became, becomes, to become) family names.
〔東京学芸大附高―改〕

(5) A neighbor (see, saw, seeing, has seen) you when you were riding a bike.

(6) He has just (arrive, arrived, arrives, arriving).

2 次の日本文に合うように，＿＿に適語を入れなさい。　（12点）

(1) 彼はアメリカに行ってしまいました。
　　He ＿＿＿＿＿ ＿＿＿＿＿ to America.

(2) 私はたった今，山形旅行から帰ってきたばかりです。
　　I've ＿＿＿＿＿ ＿＿＿＿＿ ＿＿＿＿＿ ＿＿＿＿＿ a trip to Yamagata.　〔石川―改〕

(3) 私はまだ贈り物を買っていません。
　　I ＿＿＿＿＿ ＿＿＿＿＿ a gift ＿＿＿＿＿.

(4) 彼女はもうお金を全部使ってしまいました。
　　She ＿＿＿＿＿ ＿＿＿＿＿ ＿＿＿＿＿ all her money.

(5) 私はあなたがさらに新聞に興味を持つようになったと思います。
　　I think you have ＿＿＿＿＿ ＿＿＿＿＿ ＿＿＿＿＿ in newspapers.　〔群馬―改〕

(6) ユミからまだ便りがありません。
　　I ＿＿＿＿＿ ＿＿＿＿＿ from Yumi yet.

3 次の各組の文がほぼ同じ内容になるように，＿＿に適語を入れなさい。　（16点）

(1) ｛ I lost my book and I don't have it now.
　　 I have ＿＿＿＿＿ my book.　〔沖縄〕

(2) ｛ My mother went shopping, and she isn't here now.
　　 My mother has ＿＿＿＿＿ shopping.　〔実践学園高〕

(3) ｛ Taro left Japan, and he isn't in Japan now.
　　 Taro ＿＿＿＿＿ ＿＿＿＿＿ abroad.　〔帝塚山学院泉ヶ丘高〕

(4) ｛ He went to Osaka and just came back now.
　　 He has just ＿＿＿＿＿ ＿＿＿＿＿ Osaka.

Step B

4 次の日本文に合うように，（ ）内の語句を並べかえて，全文を書きなさい。 （20点）

(1) あなたはもう朝食を食べましたか。
(breakfast, had, have, yet, you) ?

_____

(2) 私はちょうど仕事をやり終えたところです。
I (just, work, finished, my, have).

_____

(3) 私はまだ年賀状を書いていません。
I (not, New Year's cards, yet, written, have).

_____

(4) 私の母はあの新しい店に買い物に出かけたばかりです。 〔同志社高一改〕
My mother (shopping, has, at, gone, that, new store, just).

_____

5 次の文を英語で書きなさい。 （20点）

(1) バスケットボールの試合はすでに終わりました。

_____

(2) あなたの好きな映画はまだ始まっていないですよ。

_____

6 下の絵は，AからCへと場面が連続しています。この3つの絵で示された内容を，場面の展開をふまえて，30語程度の英語で書きなさい。ただし，英文の数はいくつでもよく，符号（, . ! など）は語数に含めません。 （20点）〔群馬一改〕

1 次の( )内から適切なものを選び，記号で答えなさい。

(1) My sister has (ア to　イ been　ウ goes　エ visited) to India several times.

(2) When (ア did you take　イ have you taken　ウ are you seeing　エ will you look) these beautiful pictures? 〔函館ラ・サール高〕

(3) (ア Have　イ Has　ウ Does　エ Did) the girl sent a present to him yet? 〔高知学芸高〕

(4) I haven't seen her (ア since　イ for　ウ from　エ before) 1985. 〔トキワ松学園高—改〕

(5) Mary and I (ア know　イ knew　ウ have known　エ knowing) each other since we graduated from high school. 〔大阪星光学院高—改〕

(20点)

2 次の日本文に合うように，( )に適語を入れなさい。

(1) おばが亡くなって5年になります。
My aunt has (　) (　) (　) five years. 〔函館ラ・サール高—改〕

(2) 彼らは小さかった頃からの親友です。
They (　) (　) good friends (　) they were small. 〔千葉—改〕

(3) あなたは日本にどれくらい住んでいますか。
(　) long have you (　) in Japan? 〔富山—改〕

(4) 来週のサマーキャンプ用の食料品は買ってありますか。
(　) you (　) any food for the summer camp next week? 〔東京—改〕

(16点)

3 次の各組の文がほぼ同じ内容になるように，( )に適語を入れなさい。

(1) ⎰ Mother was busy this morning. She is still busy.
   ⎱ Mother (　) (　) busy (　) this morning. 〔日本大第三高〕

(2) ⎰ We got married six years ago.
   ⎱ We (　) (　) married (　) six years. 〔慶應義塾高〕

(3) ⎰ So many years have passed since I went abroad last.
   ⎱ I (　) (　) abroad for so many years. 〔愛光高〕

(15点)

Step C

4 次の文を英語で書きなさい。
(1) 彼は2年前，アメリカに行ったことがある。　〔城北高〕
(2) 私は以前に，バスケットボールの歴史についての本を読んだことがあります。　〔青森—改〕
(16点)

(1)
(2)

5 次の対話文が成り立つように，（ ）内の語を与えられた順に使って，Ⓐ，Ⓑにあてはまる文を英語で書きなさい。　〔愛知—改〕

Nami: Hi, Billy! You look happy today. What's up?
Billy: Well, my host family will take me to Nagano next week. Ⓐ(never, been, before / .)
Nami: That's nice. You can enjoy a lot of things in Nagano. Ⓑ(would, like, enjoy / ?)
Billy: A hot spring! My host parents like to take trips to hot springs around Japan.
Nami: And you can enjoy beautiful mountains, clean air, and delicious food, too.
Billy: I can't wait!

注　hot spring　温泉　　take trips to ～　～へ旅行する　　delicious　おいしい
(18点)

Ⓐ
Ⓑ

6 次の〔条件〕に従い，自分の行きたい場所について，自分の考えや気持ちなどを含め，まとまった内容の文章を5文以上の英文で書きなさい。　〔埼玉〕

〔条件〕
① 1文目は if という語を使い，「もし日曜日が晴れたならば，～に行きたい。」という文を，書きなさい。「～」の部分には自分の行きたい場所を書きます。
② 2文目は have という語を使い，①で書いた自分の行きたい場所に「行ったことがある」，または「行ったことがない」という内容の文を，書きなさい。
③ 3文目以降は，なぜそこに行きたいのかが伝わるように，理由を書きなさい。

(15点)

長文問題 (2)

次の英文は，陸上部(track and field team)に所属する中学生の涼子(Ryoko)が，母親とのできごとについて書いたものである。この英文を読んで，(1)～(6)の問いに答えなさい。〔静岡〕

I'm on the track and field team. I practice running after class every day because I will have my last athletic meet soon. I want to win the hundred-meter race.

One week before the athletic meet, I was very tired after a hard practice, and I didn't feel very happy because _____. I thought, "Why doesn't my running time get better? I practice very hard every day!" Then my mother came to my room and said, "It's time for dinner. After dinner, take a bath and finish your homework. I know you're tired, but keep ⓐ(practice) hard because this is your last athletic meet. I will go to it with your father. I can't wait to see your race. I hope you can win."

"You don't understand how I'm feeling now. I don't want you to come to the athletic meet," I told my mother. She looked surprised to hear that. I didn't want to say those bad things to her, but the words came out of my mouth. My mother said, "OK. I won't go, but please eat dinner before it becomes cold," and she left my room. That night, I went to bed early without dinner.

The next morning, my mother and I didn't say anything at breakfast. My father asked me, "Did you have a fight last night with your mother?" I didn't answer him and just left home.

During my practice that day, my teacher came to me and said, "Your mother was ⓑ(bring) to the hospital just now. You should go to the hospital."

On the bus to the hospital, I could only think about my mother. It began to rain hard, and my eyes filled with tears at the same time. "Mother became sick because I told her bad things," I thought.

In the hospital, my mother was sleeping in her room, and my father was next to her. He said, "Your mother has been a little sick for a month. She didn't want me to tell you about this because you have an important athletic meet soon. Now she's OK." When I said, "I didn't know that," he told me about my mother's feelings. Before I came to the hospital, my mother said to my father, "I gave Ryoko a lot of pressure when I talked with her last night. I didn't understand how she felt. I cannot go to the athletic meet, but tell her I will cheer for her in the hospital." After my father told me this, I looked at my mother with tears in my eyes. Then my father said, "Your mother had a dream last night. In her dream, you were number one in the race." I looked at my mother's face for some time and then asked her, "Can I really win?" She was still sleeping, but I felt she answered, "Of course, you can."

Then I looked out of the window. The sun was setting in the beautiful clear sky.

注 athletic meet 陸上大会　win 勝つ　race 競走　fight けんか　fill いっぱいになる(filled は過去形)
　 tears 涙　feelings 気持ち　pressure プレッシャー　cheer for 応援する　set 沈む
　 clear sky 晴れた空

(1) ⓐ, ⓑの(　)の中の語を適切な形に直しなさい。(20点)

ⓐ	ⓑ

(2) 本文中の ___ の中に補う英語として，次のア～エの中から最も適切なものを1つ選び，記号で答えなさい。(10点)

　ア．my running time that day was very good
　イ．my last athletic meet already finished

ウ．I did not practice very hard that day
エ．I could not run very fast that day

(3) 次の質問に対して，英語で答えなさい。　　　　　　　　　　　　　　（20点）
　① Who told Ryoko that her mother was in the hospital?
　② How did Ryoko go to the hospital to see her mother?

(4) 下線部の中の bad things とは母親に対する涼子のどのような発言か。涼子が bad things と考えている，母親に対する涼子の発言の内容をすべて，日本語で書きなさい。　（10点）

(5) 病院で，父親は，母親が涼子に知らせたくなかったある事柄と，母親がその事柄を知らせたくなかった理由を，涼子に伝えている。父親が涼子に伝えている，母親の知らせたくなかった事柄と理由を，それぞれ日本語で書きなさい。　　　　　　　　　　　　　（20点）

事柄：
理由：

(6) 次のア～オの中から，本文の内容と合うものを2つ選び，記号で答えなさい。（20点）
　ア．In Ryoko's room, her mother said it was better for Ryoko to finish her homework before dinner.
　イ．The morning after Ryoko said bad things to her mother, Ryoko didn't say anything to her father at breakfast.
　ウ．At the hospital, Ryoko's mother said to Ryoko's father that she was going to go to the athletic meet to cheer for Ryoko.
　エ．In the dream Ryoko's mother had one week before the athletic meet, Ryoko was number one in the race.
　オ．When Ryoko asked her mother at the hospital, "Can I really win?" she answered with a smile, "Of course, you can."

8 不定詞を扱った表現 (1)

Step A 〉 Step B 〉 Step C

1 次の( )内から適切なものを選び，○で囲みなさい。
(1) I want (buy, buying, to buy) this CD.
(2) She finished (read, reading, to read) the book.
(3) (Speak, To speak, Speaks) English is not difficult.
(4) I have no pencil to (write, write by, write with).

2 次の日本文に合うように，＿＿に適語を入れなさい。
(1) 私に何か冷たい飲み物をください。
　　Give me ＿＿＿＿ ＿＿＿＿ ＿＿＿＿ ＿＿＿＿.
(2) 彼はバスケットボールをするために体育館に行きました。
　　He went to the ＿＿＿＿ ＿＿＿＿ ＿＿＿＿ basketball.
(3) 私の夢は音楽家になることです。
　　My dream is ＿＿＿＿ ＿＿＿＿ a musician.
(4) たくさんの人が住む家を失っていました。
　　Many people lost the houses ＿＿＿＿ ＿＿＿＿ ＿＿＿＿.
(5) あなたは何が食べたいですか。
　　What do you want ＿＿＿＿ ＿＿＿＿ ?

3 次の文の意味を書きなさい。
(1) I am glad to hear the news.
　　(　　　　　　　　　　　　　　　　　　　　　　　　　　)
(2) She has no homework to do today.
　　(　　　　　　　　　　　　　　　　　　　　　　　　　　)
(3) Let's wait here to get on the bus.
　　(　　　　　　　　　　　　　　　　　　　　　　　　　　)
(4) I don't know how to get tickets.
　　(　　　　　　　　　　　　　　　　　　　　　　　　　　)
(5) We are ready to start.
　　(　　　　　　　　　　　　　　　　　　　　　　　　　　)

4 次の日本文に合うように，（　）内の語句を並べかえて，全文を書きなさい。

(1) トムは話をするために立ち止まりました。
(stopped, Tom, to, talk).

(2) あなたはどこへ行きたいのですか。
(you, where, to, go, do, want)?

(3) タカコは遊び友だちをほしがっています。
Takako (play, a friend, wants, with, to).

(4) 私の趣味は写真を撮ることです。
(is, my, pictures, to, hobby, take).

5 次の文を英語で書きなさい。ただし，（　）内の語を使うこと。

(1) たった今，雨が降り出しました。　（started, to）

(2) 私たちに説明する機会をもう一度ください。　（another, explain）

(3) 私にはその歌手と話す時間がありませんでした。　（time）

(4) 彼らは，住む家を探しています。　（in）

重要暗唱例文　　　　　　　　　　　　　　　　　日本語に直しましょう。

❶ I want to swim in the pool.　（　　　　　　　　　　　　　　　）
❷ I went to the park to play tennis.　（　　　　　　　　　　　　　　　）
❸ We have nothing to eat.　（　　　　　　　　　　　　　　　）

❶ 私はプールで泳ぎたい。　❷ 私はテニスをするために公園へ行きました。
❸ 私たちは食べ物が何もありません。

Words & Phrases

☐musician「音楽家」　☐glad「うれしい」　☐stop「立ち止まる」　☐hobby「趣味」
☐explain「説明する」

1 下線部の用法が最も文法的に近い英文を選択肢から1つ選び，記号を○で囲みなさい。
(10点)〔関西学院高等部―改〕

Last Sunday I had a chance <u>to watch</u> a football game.
   a. He went to Paris <u>to study</u> music.
   b. <u>To get</u> up early is hard for me.
   c. There are many places <u>to visit</u> in Kyoto.

2 次の日本文に合うように，___に適語を入れなさい。
(12点)

(1) 私には今晩することがたくさんあります。
　　I have many things _____ _____ this evening. 〔広島〕

(2) 私はあなたに会えるのを楽しみにしています。
　　I'm looking forward _____ _____ you.

(3) 彼女は祭りを見に各地を訪ねました。
　　She visited a lot of _____ _____ _____ festivals. 〔青森―改〕

(4) 私は滞在するためのホテルを探しています。
　　I'm looking for _____ _____ _____ _____ at.

3 次の各組の文がほぼ同じ内容になるように，___に適語を入れなさい。
(28点)

(1) I will be free tomorrow.
　　I will have _____ _____ do tomorrow. 〔愛光高〕

(2) I have no money. I cannot buy the book.
　　I have no money _____ _____ the book. 〔千葉〕

(3) I was surprised when I heard the news.
　　I was surprised _____ _____ the news. 〔同志社高〕

(4) She was happy because she saw him again.
　　She was happy _____ _____ him again. 〔実践学園高〕

(5) This cat is hungry and needs some food.
　　This cat is hungry and needs something _____ _____. 〔土佐塾高〕

(6) The boy continued to talk with the girl.
　　The boy didn't _____ _____ with the girl.

(7) I'm looking for a person. He will help me.
　　I'm looking for a person _____ _____ me. 〔駒込高―改〕

Step B

4 次の日本文に合うように，（　）内の語句を並べかえて，全文を書きなさい。（20点）

(1) もう寝る時間ですよ。
It's (to, to, go, bed, time) now.

(2) 彼はそのことを聞いてうれしいでしょう。
He will (glad, hear, be, to) that. 〔新潟〕

(3) カードにあなたの名前を書くことが必要です。
You (the card, on, your name, write, to, need). 〔宮城―改〕

(4) 私にはあなたに話すようなおもしろいことは何もありません。
I have (interesting, you, tell, to, nothing). 〔大妻女子大中野女子高―改〕

5 次の対話文が成り立つように，（　）内の語を並べかえて，全文を書きなさい。（18点）

(1) A: (you, come, would, to, like) with me?
B: I'd love to.

(2) A: Did you enjoy the concert last night?
B: No, I didn't. I (go, time, had, no, to). 〔石川〕
A: I am sorry to hear that.

(3) A: I (read, want, don't, to) this English story.
B: Don't worry. This story is written in easy English. 〔大阪教育大附高(平野)―改〕

6 英語の授業で手紙を書くことになり，ハルコは祖母へ手紙を書くことにしました。ハルコになったつもりで，次の内容を3文以上の英語で書きなさい。なお，「そのとき祖母と一緒にしたいこと」については，一緒にしたいことの内容を自由に考えて書きなさい。（12点）〔宮城〕

[手紙に書く内容]
1. すばらしいものを見せてもらったお礼
2. 今度は祖母に自分の家に来てもらうお誘い
3. そのとき祖母と一緒にしたいこと

Words & Phrases

□ continue「～を続ける」

9 不定詞を扱った表現 (2)

Step A > Step B > Step C

1 次の( )内から適切なものを選び，○で囲みなさい。
(1) (It, That) takes half an hour to go to the station.
(2) It was hard (for, to) me to get up at six on Sunday morning.
(3) Shall I tell her (call, to call) you later ?

2 次の日本文に合うように，___に適語を入れなさい。
(1) 私に何を選べばよいか教えてください。
　　Please tell me _____ to choose.
(2) 私たちはいつ出発したらよいか話しました。
　　We talked about _____ to _____.
(3) 目的地を教えてください。
　　Please tell me _____ _____ _____.
(4) 誰もその箱の開け方を知りません。
　　No one knows _____ to open the box.
(5) その女の子はどちらの本を読めばよいかわかりません。
　　The girl doesn't know _____ _____ to read.

3 次の各組の文がほぼ同じ内容になるように，___に適語を入れなさい。
(1) { What should I buy for him ? I don't know.
　　 I don't know _____ _____ buy for him.
(2) { I'll say to my son, "Wash the car, please."
　　 I'll ask my son _____ wash the car.
(3) { I said to her, "Study at once."
　　 I told her _____ study at once.
(4) { Could you tell me the way to the museum ?
　　 Could you tell me _____ _____ get to the museum ?
(5) { We could not carry out the plan.
　　 It was _____ for us _____ carry out the plan.
(6) { To master French is difficult.
　　 _____ is difficult _____ _____ French.

Step A

4 次の文の意味を書きなさい。
(1) It is not easy to read this book without a dictionary.
(　　　　　　　　　　　　　　　　　　　　　　　　　　)
(2) Do you want him to call you back?
(　　　　　　　　　　　　　　　　　　　　　　　　　　)
(3) We were surprised to hear he was the winner.
(　　　　　　　　　　　　　　　　　　　　　　　　　　)

5 次の日本文に合うように，(　)内の語を並べかえて，全文を書きなさい。
(1) 私は彼に来るように頼みました。
I (him, come, to, asked).

(2) どのバスに乗ればよいか教えてください。
Could you tell (to, bus, take, which, me)?

(3) 納豆を食べてみませんか。
(try, like, would, to, you) some *natto*?

6 次の文を英語で書きなさい。ただし，(　)内の語を使うこと。
(1) 外国語を身につけるのは難しい。　(it)

(2) 私の英語をチェックしてほしい。　(would like)

重要暗唱例文　　　　　　　　　　　　　　　日本語に直しましょう。

❶ I asked Tom to help me.　(　　　　　　　　　　　　　)
❷ I know how to use this machine.　(　　　　　　　　　　　　　)
❸ It is very important to read books.　(　　　　　　　　　　　　　)

❶ 私はトムに手伝ってくれるように頼みました。　❷ 私はこの機械の使い方を知っています。
❸ 読書はとても大切です。

Words & Phrases

□half an hour「30分」　□hard「厳しい，つらい」　□Shall I ~?「~しましょうか」
□choose「~を選ぶ」　□no one「誰も~ない」　□at once「すぐに」　□muséum「博物館，美術館」
□carry out「~を実行する」

Step A　Step B　Step C

●時間 30分　●得点
●合格点 70点　　　点

1 次の（　）内から適切なものを選び，○で囲みなさい。　　　　　　　　　　　　　　（9点）

(1) A: Would you tell me what (did, doing, to do, has done) next?
　　B: You should clean the room.　　　　　　　　　　　　　　　　　　　　　〔岩手〕

(2) A: Oh, where's my purse?
　　B: Is this yours?
　　A: Oh, thank you. It's very kind (from, for, of, to) you to help me.

(3) A: We have a baseball game tomorrow.
　　B: Yes, but I don't know (how, what time, which game, where) to meet.
　　A: At the school gate of Midori Junior High School. Don't be late.　　〔青雲高―改〕

2 次の各組の文がほぼ同じ内容になるように，＿＿に適語を入れなさい。　　　　　　（20点）

(1) ｛ Hiroshi can tell me the way to the station.
　　　Hiroshi knows ＿＿＿＿＿＿ ＿＿＿＿＿＿ get to the station. 〔郁文館高〕

(2) ｛ Walk for ten minutes, and you will be at the museum.
　　　＿＿＿＿＿＿ takes ten minutes ＿＿＿＿＿＿ walk to the museum. 〔関西学院高等部―改〕

(3) ｛ The old man said to me, "Would you mind shutting the door?"
　　　The old man ＿＿＿＿＿＿ me ＿＿＿＿＿＿ shut the door. 〔久留米大附設高〕

(4) ｛ It's good for your health to get up early.
　　　＿＿＿＿＿＿ ＿＿＿＿＿＿ early is good for your health. 〔高知学芸高〕

3 次の日本文に合うように，（　）内の語句を並べかえて，全文を書きなさい。　　　（28点）

(1) 彼女に今日の新聞を持ってくるように伝えてください。
　　Please (her, bring, tell, to, me) today's paper.　　　　　　　〔慶應義塾志木高―改〕

(2) 長時間テレビを見るのは目によくありません。
　　It is (to watch, your eyes, for, not, good) TV for a long time.　〔駒込高―改〕

(3) 彼のお父さんは彼に先生になってほしかった。
　　His father (be, him, to, wanted, a teacher).　　　　　　　　〔新潟第一高―改〕

(4) 小説を読むのはなんておもしろいのでしょう。
　　How (read, interesting, is, to, it) novels!

4 次の対話文が成り立つように，（　）内の語を並べかえて，全文を書きなさい。(12点)

(1) A: Hello. This is Becky speaking. Can I speak to John?
　　B: Sorry, he is out now. May I take a message?
　　A: Yes. Please (him, to, call, tell) me later. 〔岩手〕

(2) A: Where do (me, you, put, want, to) your bag? 〔石川〕
　　B: Please put it here. Thank you for carrying my bag.
　　A: You're welcome.

5 次の文を英語で書きなさい。(21点)

(1) 駅へはどう行ったらよいのか教えていただけませんか。〔神奈川―改〕

(2) 君にはこのコンピューターを使うのは難しいですか。〔修道高―改〕

(3) 私の父は私に一緒に料理をしてもらいたかった。〔関西学院高等部―改〕

6 あなたは，英語の授業で将来の夢（またはなりたい職業）について，発表することになりました。次の(1), (2)の問いに答えなさい。なお，記入例にならい，符号(, . ? ! など)は，その前の語につけて書き，語数に含まないものとします。(10点)〔茨城〕

(1) あなたの将来の夢（またはなりたい職業）について，英語6語以上，10語以内の1文で書きなさい。

(2) (1)で書いたことを実現させるために，あなたが今，努力していること，またはこれから努力しようと思うことを，その理由も含めて英語20語以上，30語以内で書きなさい。ただし，英文は4文までとします。

記入例　Are　　you　　Ms.　　Brown?　No,　　I'm　not.

(1) _____

(2) _____

Words & Phrases

□clean「～をそうじする」　□purse「ハンドバッグ」　□kind「親切な」
□Can I speak to ～?「(電話で)～さんをお願いします」　□message「伝言」
□Thank you for ～.「～してくれてありがとう」

10 不定詞を扱った表現 (3)

Step A ＞ Step B ＞ Step C

1 次の___にあてはまる語句を下から選び，記号で答えなさい。ただし，同じ語句を2度使わないこと。
(1) She was happy _____ the e-mail.　　　　　　　　　　(　)
(2) The child tried _____ the bird.　　　　　　　　　　(　)
(3) This water is clean enough _____.　　　　　　　　　　(　)
(4) She came into the room _____ the piano.　　　　　　　　　　(　)
(5) It rained a lot. It was too cold _____ in the sea.　　　　　　　　　　(　)
　ア to drink　　イ to play　　ウ to swim　　エ to read　　オ to catch

2 次の日本文に合うように，___に適語を入れなさい。
(1) 彼は車を運転できる年齢です。
　He is old _____ _____ drive a car.
(2) 英語を学ぶ一番よい方法は何ですか。
　_____ is the best way _____ _____ English?
(3) この問題は難しすぎて解くことはできません。
　This question is _____ difficult _____ solve.
(4) 彼女にここへ来るように言ってくださいませんか。
　Could you tell _____ _____ _____ here?
(5) すき焼きの作り方を教えます。
　I will _____ you _____ _____ _____ *sukiyaki*.

3 次の各組の文がほぼ同じ内容になるように，___に適語を入れなさい。
(1) ｛Is it possible for you to finish the project?
　　Are you _____ _____ finish the project?
(2) ｛The box is too big to move.
　　The box is _____ big _____ I cannot move it.
(3) ｛It was so hot that we could swim in the river.
　　It was hot _____ _____ swim in the river.
(4) ｛The land is very dry, so plants cannot grow well.
　　The land is _____ dry for plants _____ grow well.

4 次の文の意味を書きなさい。
(1) The painting is too expensive to buy.
(　　　　　　　　　　　　　　　　　　　　　　　　　　　　　　　　　)
(2) It is not difficult for me to explain *judo*.
(　　　　　　　　　　　　　　　　　　　　　　　　　　　　　　　　　)
(3) The house is large enough for three people to live in.
(　　　　　　　　　　　　　　　　　　　　　　　　　　　　　　　　　)

5 誤りのある部分の記号を○で囲み，その誤りを直して全文を書きなさい。
(1) He is <u>enough rich</u> <u>to buy</u> <u>a new car</u>.
　　　　　ア　　　　　　イ　　　　ウ

_____

(2) Please <u>remember</u> <u>calling</u> me <u>next Friday</u>.
　　　　　　ア　　　　　　イ　　　　　ウ

_____

(3) Those <u>three books</u> <u>are difficult</u> <u>to read them</u>.
　　　　　ア　　　　　　　イ　　　　　　　ウ

_____

6 次の文を英語で書きなさい。ただし，(　)内の語を使うこと。
(1) 相撲を見に行くのはどうですか。　(how)

_____

(2) そのなべは熱すぎて，さわることができません。　(pot, too)

_____

重要暗唱例文　　　　　　　　　　　　　　日本語に直しましょう。

❶ I am too tired to walk.　　　(　　　　　　　　　　　　　　)
❷ I am so tired that I cannot walk.　　　(　　　　　　　　　　　　　　)
❸ She got well enough to work.　　　(　　　　　　　　　　　　　　)

❶ 私はあまりにも疲れて歩けません。　❷ 私はたいへん疲れているので歩くことができません。
❸ 彼女は働けるほど元気になりました。

Words & Phrases

□solve「〜を解く」　　□próject「計画」　　□dry「乾燥した」　　□painting「絵」　　□expénsive「高価な」

Step B

1 次の___にあてはまる語を下から選び，記号で答えなさい。 （12点）

(1) She was _____ hungry that she ate the whole cake. (　　)
(2) I was _____ sick to eat anything. (　　)
(3) I got up so late _____ I could not catch the first train. (　　)
(4) Their son is old _____ to make his own decision. (　　)

ア　so　　イ　enough　　ウ　too　　エ　that

2 次の日本文に合うように，___に適語を入れなさい。 （20点）

(1) 彼らの映画を理解するのは難しい。
　　Their movie is hard _____ _____.
(2) その公園は子どもたちが野球をするのに十分な広さです。
　　The park is large _____ _____ children to play baseball.
(3) 寒すぎて外出できません。
　　It is _____ cold _____ go out. 〔山手学院高〕
(4) 先生は私たちにそこへ行かないように言いました。
　　Our teacher told us _____ _____ _____ there.

3 次の各組の文がほぼ同じ内容になるように，___に適語を入れなさい。 （28点）

(1) ⎰ She had a lot of money. She could buy anything.
　　⎱ She was _____ _____ to buy anything. 〔関西学院高等部―改〕
(2) ⎰ As he was very kind, he showed me around the city.
　　⎱ He was kind _____ _____ show me around the city. 〔ノートルダム女学院高〕
(3) ⎰ He saved money to buy a new computer.
　　⎱ He saved money _____ that he _____ buy a new computer. 〔慶應義塾高〕
(4) ⎰ He couldn't study for the test because he was very tired last night.
　　⎱ He was _____ tired _____ study for the test last night. 〔関西学院高等部〕
(5) ⎰ Mary is too young to live abroad.
　　⎱ Mary is not _____ _____ to live abroad. 〔大阪星光学院高〕
(6) ⎰ That hat was too small to wear.
　　⎱ That hat was so small _____ I _____ wear it. 〔駒込高〕
(7) ⎰ She kindly showed me the way there.
　　⎱ She was _____ _____ _____ show me the way there. 〔創価高―改〕

4 次の日本文に合うように，（ ）内の語を並べかえて，全文を書きなさい。 （9点）

(1) 彼はすてきな車が買えるくらい一生懸命働きました。
He (to, enough, buy, hard, worked) a nice car.　〔郁文館高—改〕

(2) 彼が1人で旅行するにはもう少し年がいってからのほうがよいと思います。
I think he should (travel, older, to, be, alone).　〔関西学院高等部—改〕

(3) 私は非常に忙しくて，夕食を作ることができませんでした。
I have (dinner, to, busy, cook, been, too).

5 次の文を英語で書きなさい。 （15点）

(1) パーティーでは，私たちはコミュニケーションを図るためにベストを尽くしました。　〔石川—改〕

(2) 彼らみんなは一緒に生活できてうれしかったです。　〔福井—改〕

(3) そのあとに映画を見に行くのはオーケーですか。　〔岐阜—改〕

6 「私の願い事」について，授業で英作文を書くことになりました。次の指示に従って書きなさい。 （16点）〔福井—改〕

・（　　　）内に願い事を1つ書き，1文目を完成させる。
・2文目以降で，願い事について説明や理由などを書く。
・全体としてまとまりがあるように，30語程度の英語で書く。
・符号（, . ? ! など）は語数に含めない。

My wish is to (　　　　　　　　　　　　　　　　　　　　　　).

Words & Phrases

□whole「全部の」　□decision「決心，決定」　□alone「1人で」

3年 ▶ 8〜10の復習

Step A 〉 Step B 〉 Step C

●時 間 30分　●得 点
●合格点 70点　　　点

1 次の問い(1)〜(5)に続くものとして最も適するものを次のア〜ケから1つずつ選び，記号で答えなさい。〔東工大附科技高〕 （4点×5—20点）

(1) This is the sweater ...
(2) I'm looking forward ...
(3) The problem was too difficult ...
(4) My father wanted ...
(5) My uncle learned how to drive a car ...

　ア　to see you when I go to Kyoto next month.
　イ　my grandmother bought for me.
　ウ　to having a chance to talk to you.
　エ　that I couldn't answer.　　オ　me to finish this work by the next day.
　カ　for me to solve.　　キ　during his stay in America.
　ク　to go fishing if it is fine tomorrow.　　ケ　while he is out of town.

2 次の日本文に合うように，（　）に適語を入れなさい。 （6点×3—18点）

(1) 彼女は今日，その仕事を終わらせることができます。
　　It is (　　) for her (　　) finish the work today.
(2) 彼は将来何をすべきかわからなかった。
　　He didn't know (　　)(　　) do in the future.
　　　　　　　　　　　　　　　　〔函館ラ・サール高—改〕
(3) そのコーヒーは私には熱すぎて飲めませんでした。
　　The coffee was (　　) hot (　　) me (　　) drink.
　　　　　　　　　　　　　　　　〔実践学園高—改〕

3 次の各組の文がほぼ同じ内容になるように，（　）に適語を入れなさい。 （6点×3—18点）

(1) ｛ They failed to save the man's life.
　　 They were (　　) to save the man's life. 〔久留米大附設高—改〕
(2) ｛ Nobody can do this work in a week.
　　 It is (　　)(　　) do this work in a week. 〔慶應義塾高〕
(3) ｛ I have never seen such a wonderful picture before.
　　 This is the (　　) time (　　) me to see such a wonderful picture. 〔早実高等部〕

4 次の(1), (2)について, 下線部の内容を, あなたは英語でどのように言いますか。答えなさい。
〔島根—改〕

(1) 初めて来た海外の街で, 通りかかった人に, 駅に行く道を教えてくれませんか, と頼む場合。
(2) 外国人の先生から,「あなたは昨日の放課後に何をしたのか」とたずねられています。その先生に, 写真を撮るために公園に行きましたと答える場合。
(12点×2—24点)

(1)
(2)

5 次の表は, 中学生の浩(Hiroshi)さんの学級の時間割である。また, 英文は, カナダから国際交流で浩さんの学校を訪れているスティーブ(Steve)さんと浩さんが, この時間割を見ながら交わしている対話の一部である。これらについて, (1)・(2)に答えなさい。
〔徳島〕

	月	火	水	木	金
1	国 語	社 会	数 学	理 科	英 語
2	保健体育	英 語	理 科	国 語	数 学
3	数 学	保健体育	社 会	社 会	音 楽
4	技術・家庭	理 科	英 語	道 徳	社 会
5	英 語	数 学	国 語	保健体育	総合的な学習の時間
6	理 科	学級活動	美 術		

Hiroshi : What's your favorite subject?
Steve : Physical Education. I like sports very much.
Hiroshi : I like PE, too. We practice *kendo* now.
Steve : Oh, really? I've never done *kendo*. I want to try it. When do you have PE classes?
Hiroshi : We have three PE classes in a week. We will have it in the afternoon tomorrow. Our PE teacher is a great *kendo* player. Let's do it together.
Steve : That will be fun.
Hiroshi : And I like English the best. We have a special English class today.
Steve : Good.
Hiroshi : We are going to tell you about Japanese culture in English.
Steve : Wow! I'm glad to hear that.
Hiroshi : After that, we will have lunch time for fifty minutes.
Steve : What will you study after lunch today?
Hiroshi : Japanese and art. I will show you our club activities after school.
Steve : Great! I can't wait.

(1) 次の(a)・(b)の問いに対する答えを, それぞれ(　)に示された語数の英語で書きなさい。ただし, 符号は語数に含めない。
　(a) What day is it tomorrow? (2語)
　(b) Which subject does Hiroshi like better, PE or English? (4語)
(2) スティーブさんは, 下線部のように言っているが, 何を聞いてうれしいのか, 日本語で書きなさい。
((1)5点×2, (2)10点—20点)

(1) (a)
　　(b)
(2)

長文問題 (3)

次の英文を読んで、あとの問いに答えなさい。　　　　　　　　　　　　　　　　〔鹿児島〕

　Mary was a junior high school student. One Monday morning, she got up late. Her mother said to her, "It's eight o'clock, Mary. It's time to go school now." "I know!" she answered and left home in a hurry.

　It was usually about twenty minutes from Mary's house to school by bike. She pedaled very hard. It was going to rain, so she began to pedal faster. Just then, the bike chain came off. She thought, "Oh, no! What should I do? I will be late for school." She tried to fix the chain, but she couldn't.

　After a few minutes, a blue car stopped. An old man got out of the car and said to Mary, "What happened?" Soon he understood her (　①　) and said, "I can fix the chain quickly." After he did, he said, "You're going to school, right? Have a good day!" Mary was happy and said, "Thank you very much. Could you please tell me your name and phone number? I would like to thank you again later." The man smiled and said, "You don't have to do that. I'm happy to help you. It is natural to help someone who needs help. When you see someone who needs help, help that person."

　Two days later, when Mary was going home from school, she saw an old woman who was carrying a lot of things. She looked very tired. Mary thought, "She needs some help," and got off her bike. At first Mary was too shy to speak to the woman, but she remembered the man's words on that Monday morning. She said to herself, "It's my turn." Mary spoke to the woman, "　②　?" The woman answered, "Oh, thank you! I bought too many things. My house is near here." Mary put the woman's things on her bike. Mary and the woman enjoyed talking and walked together to her house. "We'll arrive soon. Thank you for your help," said the woman. Mary was glad to hear that. She thought, ③"Now I know how the man felt on that morning."

　"This is my house. I want to give you something, Mary," the woman said. Mary answered, "No, thank you. It is natural to help someone who needs help."

　Just then, a blue car stopped in front of the house and a man got out of the car. Mary looked at him and was surprised. The woman said, "Hi, George! This is Mary. She was really kind and carried my things for me. Mary, this is my husband, George." ④Mary was surprised again. George said with a big smile, "It's nice to see you again! Thank you for helping my wife." Mary said, "Nice to see you, too! It's natural to help someone who needs help, right?"

　　注　in a hurry 急いで　　pedaled ペダルをこいだ(pedal の過去形)
　　　　bike chain came off 自転車のチェーンがはずれた　　fix the chain チェーンをはめる　　quickly すぐに
　　　　natural 当たり前の　　shy 恥ずかしがりの　　said to herself ～と心の中で思った

(1) 次の**ア**～**ウ**の絵は、本文のある場面を表している。話の展開に従って並べかえ、その記号を書け。

　　ア　　　　　　　　　　　　**イ**　　　　　　　　　　　　**ウ**

（10点）

□ → □ → □

(2) 次の①, ②の文を本文の内容と合うように完成するには, [　　]の中に, それぞれ下のどれを入れるのがよいか。ア〜エの中から1つ選び, その記号を書け。

① Mary's mother wanted Mary [　　].　　　　　　　　　　　　　　（10点×2—20点）
　ア　to listen to her teacher　　イ　to have lunch
　ウ　to go to bed early　　　　　エ　to go to school quickly

② The old woman wanted to give Mary something because [　　].
　ア　Mary bought many things for her　　イ　Mary gave a bike to her
　ウ　Mary carried the woman's things　　エ　Mary was kind to George

(3) （ ① ）に入る最も適当な語を下のア〜エの中から1つ選び, その記号を書け。（10点）
　ア　homework　　イ　language
　ウ　problem　　　エ　mistake

(4) [②]に4語以上の英語を書け。（10点）

(5) 下線部③に関してMaryはどのようなことがわかったか。その内容として最も適当なものを, 下のア〜エの中から1つ選び, その記号を書け。（10点）
　ア　We are happy when we find useful things.
　イ　We are happy when we help someone.
　ウ　We are excited when we get good things.
　エ　We are excited when we see our old friends.

(6) 下線部④に関してMaryはなぜ2回驚いたのか。その理由を日本語で書け。（20点）

(7) 次は, 本文の続きの対話である。Maryに代わって[　　]に10語以上の英文を書け。英文は2文以上になってもかまわない。

George: Yes! You're right!
Mary : I remembered your words when I saw your wife. [　　　　　]
George: Oh, will you do that? That's a good idea! If many people do that, we will be able to
　　　　see more kind actions around us.

（20点）

11 関係代名詞 (1)

Step A ⟩ Step B ⟩ Step C

■1 次の( )内から適切なものを選び、○で囲みなさい。
(1) I met the girl (which, who) has been to Australia.
(2) Look at the bird (which, who) is flying in the sky.
(3) The children who (are, were, was) swimming there were my friends.
(4) He is a musician (who, which) is loved by everyone.
(5) I use the dictionary (it, that, this) has a lot of pictures.
(6) The woman who is talking with her friends (am, are, is) my mother.

■2 次の日本文に合うように、＿＿に適語を入れなさい。
(1) 私にこのプレゼントをくれた女の子はケイトです。
　　The ＿＿＿＿＿ that ＿＿＿＿＿ me this present is Kate.
(2) 冬は秋の次に来る季節です。
　　＿＿＿＿＿ is a season ＿＿＿＿＿ ＿＿＿＿＿ after fall.
(3) 私に手紙を送ってくれた男の子はリチャードです。
　　The boy who ＿＿＿＿＿ me a letter ＿＿＿＿＿ Richard.

■3 次の文を、who または which を使って、1つの文に書きかえなさい。
(1) The girl is Lucy. She is reading a book.
　　_____
(2) That is the bus. It leaves at twelve.
　　_____
(3) I know a boy. He can speak both English and Japanese well.
　　_____
(4) This is the book. It tells us about America.
　　_____

■4 次の文の意味を書きなさい。
(1) Do you know the boy who broke the window?
　　(　　　　　　　　　　　　　　　　　　　　　　　　　　　)
(2) Bob had a dog which was called Max.
　　(　　　　　　　　　　　　　　　　　　　　　　　　　　　)
(3) This is a drama that makes people happy.
　　(　　　　　　　　　　　　　　　　　　　　　　　　　　　)

(4) He is the first man that comes from India.
（　　　　　　　　　　　　　　　　　　　　　）

(5) Is this the bus which goes to the zoo?
（　　　　　　　　　　　　　　　　　　　　　）

(6) I want a bag that is much bigger than this.
（　　　　　　　　　　　　　　　　　　　　　）

5 次の日本文に合うように，（　）内の語句を並べかえて，全文を書きなさい。

(1) オーストラリアで話されている言語は何ですか。
What is the language (Australia, in, spoken, which, is)?

(2) 公園の向かいにある病院はとても有名です。
The hospital (stands, that, the park, across from) is very famous.

(3) 私はその子どもを助けた男性を見たことがあります。
I've (who, helped, the man, seen) the child.

(4) 図書館には，私にとっておもしろい本がたくさんあります。
The library (me, for, fun, are, has, books, a lot of, that).

(5) 隣に住んでいる家族にはもう会いましたか。
Have you met (who, next, lives, door, the family)?

(6) これは昨日届いたかばんです。
This (yesterday, arrived, that, the bag, is).

重要暗唱例文　　　　　　　　　　　　　　　　　日本語に直しましょう。

❶ I have a friend who lives in India.　（　　　　　　　　　　　　）
❷ I know the dog which can swim.　（　　　　　　　　　　　　）
❸ That's the bus that goes to the zoo.　（　　　　　　　　　　　　）

❶ 私にはインドに住む友人がいます。　　❷ 私は泳げる犬を知っています。
❸ あれが動物園に行くバスです。

Words & Phrases

□ both A and B「AもBも両方とも」　□ across from ～「～の向かいに」

Step A **Step B** **Step C**

●時間 30分 ●得点
●合格点 70点   点

1 次の（　）内から適切なものを選び，○で囲みなさい。 （4点）
(1) There are many famous people in the world today (which, what, who, as) are from Asian countries.　〔実践学園高―改〕
(2) Mr. Hata loved the animals (which is, who lives, that were, who lived) in the forest.　〔駒込高〕
(3) It may be difficult for someone (who aren't, who isn't, which aren't, which isn't) careful about appointments.　〔渋谷教育学園幕張高―改〕
(4) Most Westerners (who live, who lives, which live, which lives) in Japan are very good Japanese speakers.　〔城北高―改〕

2 次の文中の下線部と同じ用法の that を含む文を選び，記号で答えなさい。 （6点）
　　There was a sign that was advertising group trips.　〔実践学園高―改〕
　ア　I know the man who wrote that book.
　イ　I believe that he is right.
　ウ　The boy that stood there is my brother.
　エ　This is much better than that.　　　　　　　　　　　　　　　（　　　）

3 次の文を，関係代名詞を使って，1つの文に書きかえなさい。 （12点）
(1) The little girl was crying. She couldn't find her mother.　〔相愛高〕

(2) Do you know that lady? She is running along the river.　〔滝高〕

(3) This is a very good story. It makes everyone happy.
　　注　make ～ ... 　～を…にする　〔高知学芸高〕

4 次の説明に適する語を書きなさい。ただし，与えられた文字で書き始めること。 （20点）
(1) h＿＿＿＿＿ = work that is given by the teachers to their students
(2) f＿＿＿＿＿ = a large area of land that is covered with trees　〔(1), (2)郁文館高―改〕
(3) m＿＿＿＿＿ = a building which shows historical, expensive or interesting things
(4) p＿＿＿＿＿ = the study of things that happen naturally in the world, such as heat, light, movement and so on　〔(3), (4)開成高〕

Step B

5 次の文の意味を書きなさい。　(21点)

(1) The World Marathon Challenge is a children's running event which is held in many countries.　〔秋田—改〕
(　　　　　　　　　　　　　　　　　　　　　　　　　　　　　　　)

(2) An American who speaks Japanese wants to see you.
(　　　　　　　　　　　　　　　　　　　　　　　　　　　　　　　)

(3) The river that flows through Osaka is the Yodo River.
(　　　　　　　　　　　　　　　　　　　　　　　　　　　　　　　)

6 次の日本文に合うように，（ ）内の語句を並べかえて，全文を書きなさい。　(21点)

(1) あなたは誰かギターが上手な人を知っていますか。
Do you know (who, the guitar, plays, anyone) well ?　〔沖縄—改〕

(2) 私たちの家の近所に住んでいる父の友人たちが私の世話をしてくれました。　〔成城学園高—改〕
My father's friends (who, care, near, took, lived, our house) of me.

(3) 公園には，幸せそうに見える人がたくさんいました。
There were (happy, who, people, looked, many) in the park.　〔青森—改〕

7 英語の授業で"友だちに紹介したい「もの」や「こと」"というテーマでスピーチすることになりました。次の指示に従って，スピーチ原稿を書きなさい。　(16点)〔富山〕

・友だちに紹介したい「もの」や「こと」を（　　）の中に英語またはローマ字で書く。
・5文以上の英語で書く。
・書き出しの文と，最後のThank you. は5文に含めない。
・紹介したい「もの」や「こと」について，前後つながりのある内容の文章にする。

I will tell you about (　　　　　　　　　　).

Thank you.

Words & Phrases

□advertising　advertise(〜を宣伝する)の ing 形　　□naturally「自然に」　　□movement「運動」
□flow「流れる」

12 関係代名詞 (2)

Step A > Step B > Step C

1 次の( )内から適切なものを選び，○で囲みなさい。
(1) I like the story (that, who) my mother told me.
(2) The girl (that, which) you were talking with is my daughter.
(3) This is the photo (I, that, I have) took when I went there.
(4) The boy (that, which) I came across is Bill's son.
(5) That is the movie (who, what, which) I have wanted to see since last month.

2 次の＿＿にあてはまる語を下から選びなさい。同じ語を何度使ってもよい。ただし，that はそれしか使えないときのみ使うこと。
(1) There are a lot of people ＿＿＿＿ need our help.
(2) Tom is the only student ＿＿＿＿ I have ever taught.
(3) This is the novel ＿＿＿＿ my father wants to read.
(4) I know the person ＿＿＿＿ wrote this book.
(5) This is the strange book ＿＿＿＿ John found in the library.
 [who, that, which]

3 次の日本文に合うように，＿＿に適語を入れなさい。
(1) これが今，私が読んでいる恋愛物語です。
 This is the love story ＿＿＿＿ ＿＿＿＿ ＿＿＿＿ reading now.
(2) あなたが昨夜，さがしていた時計はどこにありますか。
 ＿＿＿＿ was the watch ＿＿＿＿ were ＿＿＿＿ ＿＿＿＿ last night?
(3) 私は父が私にくれたカメラをなくしました。
 I lost the camera ＿＿＿＿ ＿＿＿＿ ＿＿＿＿ gave to me.
(4) あなたは彼がそのとき話しかけていた先生を知っていますか。
 Do you know the teacher ＿＿＿＿ ＿＿＿＿ ＿＿＿＿ to at that time?

4 次の文を，that または which を使って，1つの文に書きかえなさい。ただし，that はそれしか使えないときのみ使うこと。
(1) This is the adventure story. I finished reading it yesterday.
 ＿＿＿＿＿＿＿＿＿＿＿＿＿＿＿＿＿＿＿＿＿＿
(2) The house is very large. My grandparents live in it.
 ＿＿＿＿＿＿＿＿＿＿＿＿＿＿＿＿＿＿＿＿＿＿

5 次の文の意味を書きなさい。

(1) The hotel which we stayed at was very old.
　（　　　　　　　　　　　　　　　　　　　　　　　　　　　　）

(2) That is the most beautiful mountain that I have ever seen.
　（　　　　　　　　　　　　　　　　　　　　　　　　　　　　）

(3) The woman I saw just now is a pianist.
　（　　　　　　　　　　　　　　　　　　　　　　　　　　　　）

6 次の日本文に合うように，（　）内の語句を並べかえて全文を書きなさい。ただし，不要なものが1つあります。

(1) これは彼らがずっと待っていた手紙です。
　This is (waited, have, a letter, for, which, they, has).
　_____

(2) 私たちが会った医師はとても好意的です。
　The (which, saw, that, we, is, doctor) very friendly.
　_____

(3) 今, 使っているDVDプレイヤーはあなたのものですか。
　Is (you're, the DVD player, your, using, now, yours) ?
　_____

7 次の文を英語で書きなさい。ただし，（　）内の語を使うこと。

(1) あれはあなたのお父さんが買った絵ですか。　（which）
　_____

(2) 彼は私たちがたいへん尊敬する研究者です。　（that, researcher）
　_____

(3) これは私が今までに見たなかで最もすばらしい景色です。（that, view）
　_____

重要暗唱例文　　　　　　　　　　　　日本語に直しましょう。

❶ She is a girl that everyone likes.　（　　　　　　　　　　　）
❷ This is a ball which he gave me.　（　　　　　　　　　　　）
❸ The boy we saw yesterday is Jun.　（　　　　　　　　　　　）

❶ 彼女はみんなが好きな女の子です。　❷ これは彼が私にくれたボールです。
❸ 私たちが昨日会った男の子はジュンです。

Words & Phrases

□come across ～「～に偶然会う」　　□strange「変な，奇妙な」　　□love story「恋愛物語」
□friendly「親切な，好意的な」　　□DVD player「DVDプレイヤー」

Step A **Step B** **Step C**

●時間 30分　●得点
●合格点 70点　　点

1 次の( )内から適切なものを選び，○で囲みなさい。　(9点)
(1) The bike (which, who, when, where) he uses is new.
(2) This is the house (where, what, which, when) she lived in.　〔慶應義塾志木高―改〕
(3) Do you remember the name of the town (which, to which, where, what) Jane visited last month?　〔青雲高〕

2 次の各組の文がほぼ同じ内容になるように，＿＿に適語を入れなさい。　(20点)
(1) Is this a book that she likes?
　　Is this her ＿＿＿＿＿＿ book?　〔実践学園高〕
(2) These are the pictures taken by her last month.
　　These are the pictures ＿＿＿＿＿＿ ＿＿＿＿＿＿ last month.　〔関西学院高等部〕
(3) Mika is the girl standing on the stage.
　　Mika is the girl ＿＿＿＿＿＿ ＿＿＿＿＿＿ ＿＿＿＿＿＿ on the stage.
(4) *Keio Gijuku* is a school which Fukuzawa Yukichi founded.
　　Keio Gijuku is a school ＿＿＿＿＿＿ ＿＿＿＿＿＿ Fukuzawa Yukichi.　〔慶應義塾高―改〕

3 次の対話文が成り立つように，( )内の語を並べかえて，全文を書きなさい。　(8点)
(1) A: Look at this CD. You were talking about this one last week, right?
　　B: Oh, yes. This is the (looking, for, CD, was, I).　〔岩手―改〕

(2) A: Why are you sleepy?
　　B: I watched a TV drama last night, and I couldn't sleep. The drama (was, I, interesting, very, watched).

4 次の日本文に合うように，( )内の語句を並べかえて，全文を書きなさい。　(12点)
(1) 先月，私が買った新しいカメラはすでに壊れています。
　　The new camera (last month, bought, I, has) already broken.　〔関西学院高等部―改〕

(2) これは私の父がくれた本です。
　　(the book, my father, gave, this, which, is, me).　〔函館ラ・サール高―改〕

Step B

5 次の文を英語で書きなさい。 (28点)

(1) 私には水について知らないことがたくさんあります。 〔青森―改〕

(2) 私が昨日送ったメールをもう読みましたか。 〔城北高〕

(3) 私はあなたが私たちに見せてくれた写真が好きです。 〔愛媛―改〕

(4) この山の高さは私たちがこの前登った山ほどではないです。 〔広島大附高―改〕

6 次の文の意味を書きなさい。 (14点)

(1) I will talk about some of the things I read in the book. 〔青森―改〕
(　　　　　　　　　　　　　　　　　　　　　　　　　　　　　　）

(2) It was not as interesting as the movie we saw last month. 〔岩手―改〕
(　　　　　　　　　　　　　　　　　　　　　　　　　　　　　　）

7 次のような状況において，あとの(1)～(3)のとき，あなたならどのように言いますか。それぞれ4語以上の英文を書きなさい。ただし，I'm などの短縮形は1語として数え，コンマ(,)，ピリオド(.)などは語数に入れません。 (9点) 〔三重―改〕

〔状況〕

> あなたは，修学旅行で東京に来ています。外国からの旅行者に写真撮影を頼まれ，その後，その旅行者と少しの間，会話を楽しんでいます。

(1) 出身地をたずねるとき。
(2) 好きな日本の食べ物をたずねるとき。
(3) 「あなたの町」には有名な場所がたくさんあることを伝えるとき。

(1) 　　　　　　　　　　　　　　　　　　　　
(2) 　　　　　　　　　　　　　　　　　　　　
(3) 　　　　　　　　　　　　　　　　　　　　

Words & Phrases

□ stage 「舞台」　　□ founded found（～を設立する）の過去形・過去分詞

13 関係代名詞 (3)

Step A Step B Step C

1 次の( )内から適切なものを選び，○で囲みなさい。
(1) He is a boy (whose, that) she loves.
(2) The girl (which, who, whose) eyes are blue is an American.
(3) This is the only French dictionary (who, which, that) I have.
(4) The house (which, who, whose) roof is red is Mr. Brown's.
(5) I visited a temple (who, which, whose) was built about 150 years ago.

2 次の文を，下の語を使って，1つの文に書きかえなさい。同じ語を何度使ってもよい。ただし，that はそれしか使えないときのみ使うこと。
(1) This is a movie. It makes people happy.
　_____
(2) The bike is mine. It stands by the tree.
　_____
(3) This is the only prize. She won it in the past.
　_____
(4) Are they the musicians? You like them very much.
　_____
(5) The woman just called you. Her father is an artist.
　_____
　[which, who, that, whose]

3 次の各組の文がほぼ同じ内容になるように，＿＿に適語を入れなさい。
(1) { She has a cat which has blue eyes.
　　 She has a cat ＿＿＿＿ ＿＿＿＿ are blue.　〔岩倉高〕
(2) { The dictionary with the blue cover is mine.
　　 The dictionary ＿＿＿＿ ＿＿＿＿ is blue is mine.　〔創価高〕
(3) { I have never seen such a beautiful mountain.
　　 This is the most beautiful mountain ＿＿＿＿ I have ＿＿＿＿ seen.　〔立正高〕
(4) { Once there lived a young boy and he was called Tom Sawyer.
　　 Once there lived a young boy ＿＿＿＿ name was Tom Sawyer.　〔武庫川高〕

4 次の文の意味を書きなさい。

(1) There was a dog whose name was Taro.
（　　　　　　　　　　　　　　　　　　　　　　　　　　）

(2) I have a friend whose sister is a singer.
（　　　　　　　　　　　　　　　　　　　　　　　　　　）

(3) All that is heard is the sound of birds singing.
（　　　　　　　　　　　　　　　　　　　　　　　　　　）

5 次の日本文に合うように，（　）内の語を並べかえて，全文を書きなさい。

(1) それらは秋に紅葉する木です。
They are trees (red, leaves, turn, whose) in the fall.

(2) 彼女は最初にゴールインした女性でした。
She was (finished, first, the, that, woman) the goal line.

(3) ホテルの部屋を予約するには，クリックするだけでよい。
All (have, do, that, you, to) is to click to reserve a hotel room.

6 次の文を英語で書きなさい。ただし，（　）内の語を使うこと。

(1) これは私が答えることのできたたった1つの問題でした。（this, that）

(2) 私は毛の短い小型犬がほしかった。（whose）

(3) このような興味深い話は今までに聞いたことがありません。（this, that）

重要暗唱例文　　　　　　　　　　　　　　日本語に直しましょう。

❶ I want a house whose roof is white. （　　　　　　　　　　　　）
❷ It's the best book that I've ever read. （　　　　　　　　　　　　）

❶ 私は白い屋根の家がほしい。　❷ それは私がこれまで読んだなかで最もよい本です。

Words & Phrases

☐roof「屋根」　　☐cover「表紙」　　☐turn red「赤くなる，紅葉する」
☐finish the goal line「ゴールインする」　　☐click「クリックする」　　☐reserve「〜を予約する」

Step A **Step B** **Step C**

●時間 30分　●合格点 70点　●得点　点

1 次の（　）内から適切なものを選び，○で囲みなさい。　(12点)

(1) Paris is one of the cities (that, where, what, to which) I've long wanted to visit.
〔久留米大附設高〕

(2) By the time the smoker reaches the stages at (who, what, which, that) the cigarette is killing him, he believes it is his courage and cannot face life without it.
〔郁文館高—改〕

(3) There is a power station (what, which, whose, where) provides all the electricity for the station.
〔青山学院高等部—改〕

2 次の日本文に合うように，＿＿に適語を入れなさい。　(12点)

(1) ソニアは好きだった色を選びました。
Sonia chose the ＿＿＿＿ she ＿＿＿＿.
〔東京学芸大附高—改〕

(2) 演劇部に所属する男子はサムだけです。
The only boy ＿＿＿＿ ＿＿＿＿ to the drama club is Sam.

(3) 白い屋根の家をごらんなさい。
Look at the house ＿＿＿＿ roof ＿＿＿＿ white.
〔山手学院高〕

(4) 彼女が言ったことはすべて本当です。
Everything ＿＿＿＿ she ＿＿＿＿ is true.

3 次の各組の文がほぼ同じ内容になるように，＿＿に適語を入れなさい。　(20点)

(1) ｛ The officer spoke to a man who was wearing a pink shirt.
　　 The man ＿＿＿＿ ＿＿＿＿ ＿＿＿＿ the officer was wearing a pink shirt.
〔慶應義塾高〕

(2) ｛ That is all I have to say.
　　 I have ＿＿＿＿ ＿＿＿＿ to say.
〔早実高等部—改〕

(3) ｛ This is the most interesting book I have ever read.
　　 I have never read such an ＿＿＿＿ ＿＿＿＿ as this.
〔実践学園高〕

(4) ｛ That boy is my brother. His sweater is green.
　　 That boy ＿＿＿＿ sweater is green is my brother.
〔函館ラ・サール高〕

(5) ｛ It is no use crying over spilt milk.
　　 You can't undo ＿＿＿＿ has ＿＿＿＿ done.
〔早大高等学院—改〕

4 次の文の意味を書きなさい。 (18点)

(1) I know the dog whose statue is in front of Shibuya Station.
（　　　　　　　　　　　　　　　　　　　　　　　　　　　）

(2) Man is the only animal that can use fire.
（　　　　　　　　　　　　　　　　　　　　　　　　　　　）

(3) The movie I saw on TV yesterday was a lot of fun.
（　　　　　　　　　　　　　　　　　　　　　　　　　　　）

5 次の日本文に合うように，（ ）内の語句を並べかえて，全文を書きなさい。 (18点)

(1) この学校には両親が二人とも医者である生徒がいます。 〔ラ・サール高―改〕
In this school, there are some students (parents, both, are, whose, doctors).

(2) 彼らはじゃがいもを植えるだけでよかったのです。
(to, all, had, they, do, was) to plant the potatoes. 〔巣鴨高―改〕

(3) 私はポケットに入っていたお金を全部彼に貸してあげました。
I (was, that, him, money, all the, lent) in my pocket. 〔青雲高―改〕

6 次の英文は「自由な時間に何をするのが好きか」についての先生とあなたの会話です。会話文が完成するように（ a ），（ b ）にそれぞれふさわしい英語を書きなさい。ただし，（ a ）は5語以上で10語以内，（ b ）は15語以上25語以内とします。（ a ），（ b ）ともに2文以上になってもかまいません。 (20点)
（．，？！などの記号は語数に含めない） 〔島根〕

Teacher: What do you like to do in your free time?
You　　：（　　　　　　a　　　　　　）
Teacher: Tell me more about it.
You　　：（　　　　　　b　　　　　　）

(a) _____

(b) _____

Words & Phrases

□by the time ~「~するときまでに」　□smoker「喫煙者」　□stage「段階」　□cigarette「たばこ」
□cóurage「勇気」　□face「~に直面する」　□power station「発電所」　□provide「~を供給する」
□chose　choose（~を選ぶ）の過去形　□spilt　spill（~をこぼす）の過去分詞　□undo「~を元通りにする」
□statue「像」　□lent　lend（~を貸す）の過去形

Step A Step B Step C

1 次の（ ）にあてはまるものを選び、記号で答えなさい。ただし、that はそれしか使えないときのみ使うこと。 （6点×3—18点）

(1) There were many people (　　　) were enjoying the view.〔香川〕
　ア what　　イ which　　ウ why　　エ who

(2) The electric car is an idea (　　　) time has come.
　ア which　　イ its　　ウ whose　　エ that

(3) They are my good friends (　　　) the tennis club.
　ア who they are belonging to　　イ who belong to
　ウ who they belong to　　エ who is belonging to
〔青山学院高等部—改〕

2 次の(1)～(5)は、ある単語の定義とその例文です。それぞれの例文の（ ）に適切な1語を入れなさい。〔早実高等部〕 （6点×5—30点）

(1) *a book that gives you a list of words and explains their meanings*
　When you study English, you have to use a (　　　　　).

(2) *a person who does a job without receiving any money*
　She went to Iwate to work as a (　　　　　).

(3) *a room or building which keeps a lot of books that you can usually borrow*
　I cannot study hard at home, so I often go to the city (　　　　　) and study there.

(4) *a page or series of pages showing the days, weeks and months of a year*
　There is a (　　　　　) which has beautiful mountain pictures on the wall.

(5) *a drawing of a town, a country or the world that shows things like mountains, rivers and roads*
　I'm a stranger here. Where am I on this (　　　　　)?

3 次の日本文に合うように、（ ）内の語を並べかえて、全文を書きなさい。 （8点×2—16点）

(1) 私が待っているバスはもう10分遅れています。
　The bus (am, for, I, is, which, waiting) now ten minutes late.〔桐蔭学園高—改〕

(2) 君がくれた本はとてもおもしろい。
　(book, gave, interesting, is, me, the, very, you).〔青雲高〕

4 「時差ぼけ（jet lag）」について書かれた次の英文を読んで，あとの各問いに答えなさい。〔鳥取〕

Ⓐ Some people feel tired after riding on a plane for a long time. They feel more tired if they fly from one *time zone to another. This is called jet lag. They also sometimes feel (　　　). They get headaches and sometimes have problems about eating and *sleeping.

Ⓑ How much jet lag do you get? There are many different *cases. It is easier to *get over jet lag after flying from east to west than from west to east. People who go to bed late can go back to their *normal life more quickly than people who go to bed early. Older people feel jet lag more often than younger people.

Ⓒ If you don't want to have a *hard time with jet lag, you should drink a lot of water on the plane and take *comfortable clothes with you.

注　time zone 時間帯　　sleeping 睡眠　　case(s) 場合　　get over 克服する　　normal 通常の
　　hard つらい　　comfortable clothes 着ごこちのよい衣服

(1) (　　)にあてはまる語として，最も適当なものを，次のア～エからひとつ選び，記号で答えなさい。

　ア happy　　イ right　　ウ sick　　エ fine

(2) 時差ぼけが早く治る人について説明している文として，最も適当なものを，次のア～エからひとつ選び，記号で答えなさい。

　ア 東から西へ飛行機で移動する人と早寝をする人
　イ 東から西へ飛行機で移動する人と夜ふかしをする人
　ウ 西から東へ飛行機で移動する人と早寝をする人
　エ 西から東へ飛行機で移動する人と夜ふかしをする人

(3) 本文の内容に一致する英文として，最も適当なものを，次のア～エからひとつ選び，記号で答えなさい。

　ア If you drink a lot of water, you will sometimes get jet lag.
　イ If you ride on a plane at night, you will get jet lag.
　ウ If you are very old, you will not get jet lag.
　エ If you get jet lag, you sometimes don't want to eat.

(4) 段落Ⓐ～Ⓒの要旨の組み合わせとして，最も適当なものを次のア～エからひとつ選び，記号で答えなさい。

　ア Ⓐ 時差ぼけの症状　　Ⓑ 時差ぼけの程度　　Ⓒ 時差ぼけの対策
　イ Ⓐ 時差ぼけの症状　　Ⓑ 時差ぼけの対策　　Ⓒ 時差ぼけの程度
　ウ Ⓐ 時差ぼけの程度　　Ⓑ 時差ぼけの症状　　Ⓒ 時差ぼけの研究
　エ Ⓐ 時差ぼけの対策　　Ⓑ 時差ぼけの程度　　Ⓒ 時差ぼけの研究

（9点×4―36点）

(1)	(2)	(3)	(4)

長文問題（4）

次の英文を読んで，あとの問いに答えなさい。　　　　　　　　　　　　　　　　〔鳥取〕

　Tomoko likes her mother very much. ①But there was one thing about her she didn't like. It was her mother's *purse. It was too old, but her mother liked it very much and always used it when she went out.
　One day when her mother *was about to go shopping with the old purse, Tomoko said to her, "I don't like your old purse." Tomoko's mother looked (②) and said, "It is old but important to me. Have you already *forgotten these flower *patterns?" Before Tomoko could answer, her mother got a *phone call and she left.
　The next day was Tomoko's fifteenth birthday. Her mother said, "Happy birthday, Tomoko," and gave her a present. "Thank you," said Tomoko. Then Tomoko remembered her mother's question and said, "Mom, can you tell me about your old purse?" Her mother showed her the purse and said, "Do you remember your grandmother's favorite *kimono? ③When I found the kimono, it was *too old to *wear. But I really wanted to use something my mother loved. So, I went to a store that makes purses, and the people at the store made this purse from the kimono."
　"Oh ... it's from grandmother's kimono ..." Tomoko remembered that her grandmother often *wore the kimono. Tomoko said, "I'm sorry, Mom. I said I didn't like the purse yesterday, but I didn't understand." Then Tomoko's mother said, "④I have another birthday present for you. I will give you this purse. Please don't forget your grandmother." Tomoko thought *for a while and said to her mother, "Thank you, Mom. Of course I want to remember her. But she was your mother and you loved her very much. I think the purse is more meaningful to you, so ⑤please keep the purse. But can I sometimes use it?" Her mother looked happy and said with a *smile, "(⑥)"

注　purse（女性用）ハンドバッグ　　was about to ~　今にも~しようとしていた　　forgotten　forgetの過去分詞
　　pattern(s)　模様　　phone call　電話がなること　　kimono（日本の）着物
　　too ~ to ...　とても~なので…できない　　wear　着ている　　wore　wearの過去形　　for a while　しばらく
　　smile　笑顔

(1) 下線部①について，友子(Tomoko)が好きではないものとして，最も適切なものを，次のア～エから1つ選び，記号で答えなさい。　　　　　　　　　　　　　　　　　　　　　　　　　　（10点）
　ア　友子が持っている古いハンドバッグ
　イ　友子がなくしてしまった新しいハンドバッグ
　ウ　友子の母がなくしてしまった新しいハンドバッグ
　エ　友子の母が持っている古いハンドバッグ

(2) （ ② ）にあてはまる語として，最も適切なものを，次のア～エから1つ選び，記号で答えなさい。　　　　　　　　　　　　　　　　　　　　　　　　　　　　　　　　　　　　　　　（10点）
　ア　sad　　イ　happy
　ウ　old　　エ　free

(3) 下線部③について，友子の母親は，着物をどこでどのようにしてもらいましたか。日本語で説明しなさい。 (15点)

(4) 下線部④について母親が友子に「もう1つの誕生日プレゼント」を贈ろうとした理由を，日本語で答えなさい。 (15点)

(5) 友子は，なぜ下線部⑤のように言いましたか。その理由を日本語で答えなさい。 (15点)

(6) (⑥)にあてはまる表現を，本文の内容から判断して，英語で答えなさい。 (15点)

(7) 本文の内容に一致する英文を，次のア～カから2つ選び，記号で答えなさい。
　ア　Tomoko doesn't like going shopping with her mother who wears a *kimono*.
　イ　Tomoko likes the flowers that her mother gave her on her birthday.
　ウ　Tomoko's grandmother liked the *kimono* which had flower patterns on it.
　エ　Tomoko's grandmother used the old purse because she liked it very much.
　オ　Tomoko's mother told Tomoko about her old purse on Tomoko's birthday.
　カ　Tomoko wanted to give her mother a *kimono* as a birthday present for her.

(20点)

14 文構造・間接疑問・接続詞 that など

Step A 〉 Step B 〉 Step C

1 次の（ ）内から適切なものを選び，〇で囲みなさい。
(1) Your plan sounds (fun, like fun).
(2) (Whose, Which) bag is yours?
(3) (How, Who) built that white house?
(4) Do you know where (do they come, they come) from?
(5) We don't know when Ron (goes, will go) to Australia next year.

2 次の日本文に合うように，＿＿に適語を入れなさい。
(1) あなたは今日，いつもとちがって見えます。
　　You ＿＿＿＿ ＿＿＿＿ today.
(2) 机の上にかさを置いてはいけません。
　　＿＿＿＿ ＿＿＿＿ the umbrella on the desk.
(3) あなたの夢はいつか実現するでしょう。
　　Your dream will ＿＿＿＿ ＿＿＿＿ someday.
(4) 私たちは，月が丸いということを知っています。
　　We ＿＿＿＿ ＿＿＿＿ the moon is round.
(5) だれもどうしてスーザンが遅れているのかわかりません。
　　＿＿＿＿ knows ＿＿＿＿ Susan is late.

3 次の各組の文がほぼ同じ内容になるように，＿＿に適語を入れなさい。
(1) ｛ My mother takes care of the cats.
　　　The cats are ＿＿＿＿ ＿＿＿＿ by my mother.　〔愛光高〕
(2) ｛ Do you know his age?
　　　Do you know ＿＿＿＿ ＿＿＿＿ he is?
(3) ｛ I know that student.
　　　I know who ＿＿＿＿ ＿＿＿＿ ＿＿＿＿.
(4) ｛ We know the way to the post office.
　　　We know ＿＿＿＿ ＿＿＿＿ can get to the post office.
(5) ｛ While I was going to the department store, I met Grace.
　　　I met Grace ＿＿＿＿ my ＿＿＿＿ to the department store.　〔久留米大附設高〕

4 下線部に注意して，次の文の意味を書きなさい。

(1) ① Mike runs before breakfast.
　　（　　　　　　　　　　　　　　　　　　　　　　　　　）
　　② My mother runs a beauty salon.
　　（　　　　　　　　　　　　　　　　　　　　　　　　　）

(2) ① My father got angry with me.
　　（　　　　　　　　　　　　　　　　　　　　　　　　　）
　　② Kate got a bike on her birthday.
　　（　　　　　　　　　　　　　　　　　　　　　　　　　）

5 次の日本文に合うように，（　）内の語句を並べかえて，全文を書きなさい。

(1) このスープはとてもおいしい。
（ really, tastes, this soup, good ）.

_____

(2) だれがその問題に答えたか言えますか。
Can you (the question, who, answered, tell)?

_____

(3) あなたたちはこのタワーがどれくらいの高さかわかりますか。
Do you (is, how, this tower, know, tall)?

_____

6 次の文を英語で書きなさい。

(1) 彼女がなぜそんなことを言ったのか理解できません。

_____

(2) 私はだれがこの小説を書いたか知りたい。

_____

重要暗唱例文　　　　　　　　　　　　日本語に直しましょう。

❶ Tom sings very well.　　（　　　　　　　　　　　　　　）
❷ His daughter is a doctor.　　（　　　　　　　　　　　　　　）
❸ I don't know who that boy is.　　（　　　　　　　　　　　　　　）

❶ トムはとても上手に歌います。　❷ 彼の娘は医者です。　❸ 私はあの少年がだれかわかりません。

Words & Phrases

□take care of「〜の世話をする」　　□beauty salon「美容室」　　□tower「タワー，塔」

Step A > **Step B** > **Step C**

●時間 30分 　●得点
●合格点 70点 　　　　点

1 次の（　）にあてはまるものを選び，記号で答えなさい。 （6点）

(1) (　　) do you say *okozukai* in English ? 〔駿台甲府高〕
　ア　What　イ　Why　ウ　Who　エ　How　　（　　）

(2) I don't know (　　). 〔東大寺学園高〕
　ア　where he lives　　　イ　where does he live
　ウ　where lives he　　　エ　does he live where　（　　）

(3) A: Why didn't you play baseball ?
　 B: Actually, we went to the park. But it began raining (　　). 〔明治大付中野高〕
　ア　one after another　　イ　for the first time
　ウ　before long　　　　　エ　on time　　（　　）

2 次の日本文に合うように，＿＿に適語を入れなさい。 （16点）

(1) 私は何を話したらよいかわかりませんでした。
　I didn't know ＿＿＿＿＿ I ＿＿＿＿＿ talk about. 〔滋賀―改〕

(2) どうして一郎はこんなに遅いのでしょう。
　I'm just ＿＿＿＿＿ ＿＿＿＿＿ Ichiro is so late. 〔早実高等部〕

(3) 私はあなたに昨日の夜，あなたの妹に電話してと言ったでしょう。
　I ＿＿＿＿＿ you ＿＿＿＿＿ ＿＿＿＿＿ your sister last night.

(4) あなたはフランスの首都はどこか知っていますか。
　Do you know ＿＿＿＿＿ the capital of France is ? 〔愛光高―改〕

3 次の各組の文がほぼ同じ内容になるように，＿＿に適語を入れなさい。 （30点）

(1) { I'm hoping for your safe return.
　　 I'm hoping that you ＿＿＿＿＿ ＿＿＿＿＿ ＿＿＿＿＿. 〔愛光高―改〕

(2) { We have a lot of rain here in June.
　　 ＿＿＿＿＿ ＿＿＿＿＿ a lot here in June. 〔関西学院高等部〕

(3) { I don't know which way I should go as I am a stranger here.
　　 I have no ＿＿＿＿＿ which way ＿＿＿＿＿ go as I am a stranger here. 〔青雲高〕

(4) { I won't have to get up so early tomorrow.
　　 ＿＿＿＿＿ won't be necessary ＿＿＿＿＿ me to get up so early tomorrow. 〔久留米大附設高〕

(5) { Friendship is the most important for me.
　　 ＿＿＿＿＿ is ＿＿＿＿＿ ＿＿＿＿＿ than friendship for me. 〔慶應義塾高〕

(6) { John said, "I have a DVD in my bag."
　　 John said that ＿＿＿＿＿ ＿＿＿＿＿ a DVD in ＿＿＿＿＿ bag. 〔慶應義塾高―改〕

Step B

4 次の日本文に合うように，（　）内の語を並べかえて，全文を書きなさい。 （30点）

(1) 私は野球がバスケットボールと同じくらいおもしろいと思います。
I (think, as, is, baseball) exciting as basketball. 〔神奈川—改〕

(2) あなたは彼らが何について話しているかわかりますか。
Do you (are, what, talking, they, know) about? 〔沖縄—改〕

(3) 彼はきっとまた来ると思います。
I am (he, sure, again, come, will).

(4) 彼女がどんなセーターを買ったかわかりません。
I don't know what (sweater, kind, bought, she, of). 〔郁文館高—改〕

(5) この学校にはたくさんのクラブがあることを聞いて驚きました。
I was (hear, that, surprised, to, were, there) many clubs in this school. 〔成城学園高—改〕

5 あなたの学校を，アメリカの学校の生徒たちが，訪問することになっています。あなたは，活動リスト(Activity List)に示されているものの中から1つ選び，交流活動の計画を立てることにしました。次の英文は，あなたがALT(外国語指導助手)とその計画について，話をしているときのものです。(①　)〜(③　)に入る英語をそれぞれ1文または2文で書きなさい。ただし，それぞれの（　）内に示されている英語で文を始めること。 （18点）〔岐阜〕

Activity List: basketball / Japanese language / school lunch / Japanese song

ALT: When the students from America come to our school, what would you like to do?
You: (① I　　　　　　　　　　　　　　　　　)
ALT: Why would you like to do it?
You: (② Because　　　　　　　　　　　　　　)
ALT: What will you do to make the activity more interesting?
You: (③ I　　　　　　　　　　　　　　　　　)

Words & Phrases

□one after another「次々に」　□before long「まもなく」　□on time「時間どおりに」　□capital「首都」
□return「戻ること」　□stranger「不案内な人」　□sweater「セーター」

15 文構造（第5文型など）・重要表現

Step A 〉 Step B 〉 Step C

1 次の（　）内から適切なものを選び，○で囲みなさい。
(1) Mother will buy (me, to me, for me) a CD player on Christmas.
(2) This flower smells (sweet, sweetly).
(3) I gave a T-shirt (my brother, to my brother, for my brother).
(4) May I ask a favor (to, for, of) you?
(5) What did you (like, feel, name) your cat? — Sooty.

2 次の日本文に合うように，＿＿に適語を入れなさい。
(1) その語は何という意味ですか。
　　＿＿＿＿＿ does that word ＿＿＿＿＿?
(2) 彼女は私に伝統的な韓国料理を作ってくれました。
　　She cooked traditional Korean dishes ＿＿＿＿＿ ＿＿＿＿＿.
(3) カメラが部屋にあります。それをあなたにあげましょう。
　　There's a camera in my room. I'll give ＿＿＿＿＿ ＿＿＿＿＿ ＿＿＿＿＿.
(4) マイクから電話をかけさせましょうか。
　　Do you ＿＿＿＿＿ Mike ＿＿＿＿＿ ＿＿＿＿＿ you back?
(5) ドアを開けたままにしておいてはいけません。
　　Don't ＿＿＿＿＿ the door ＿＿＿＿＿.

3 次の各組の文がほぼ同じ内容になるように，＿＿に適語を入れなさい。
(1) { I like Japanese food.
　　 I'm ＿＿＿＿＿ ＿＿＿＿＿ Japanese food. 〔実践学園高〕
(2) { I'll make her a new chair.
　　 I'll make a new chair ＿＿＿＿＿ ＿＿＿＿＿.
(3) { I said to Bob, "Help me with my work, please."
　　 I ＿＿＿＿＿ Bob ＿＿＿＿＿ help me with my work.
(4) { Would you come over for lunch?
　　 ＿＿＿＿＿ don't you come over for lunch?
(5) { Why are you so angry?
　　 ＿＿＿＿＿ ＿＿＿＿＿ you so angry? 〔(4), (5)立教新座高〕

Step A

4 会話が成り立つように，（　）内に適当な語を入れなさい。　〔関西学院高等部―改〕

(1) *Tom:* (　　　　　) subject do you like best?
   John: English is my (　　　　　) subject.

(2) *Shinji:* You know a lot of English vocabulary. (　　　　　) did you learn those words?
   Miho : By (　　　　　) books (　　　　　) in English.

(3) *Ken :* Mt. Fuji is (　　　　　) (　　　　　) mountain in Japan.
   Mike: That's right. But in the world, there are many mountains that are (　　　　　) (　　　　　) Mt. Fuji.

5 次の日本文に合うように，（　）内の語句を並べかえて，全文を書きなさい。

(1) あなたは先生方に招待されるでしょう。
   (you, invited, be, by, will) the teachers.

(2) あなたは何になりたいか私に教えてください。
   Tell (want, me, to, you, what, be), please.

(3) 私たちはこの海岸をきれいにしておかなければなりません。
   We have (this beach, clean, keep, to).

6 次の文を英語で書きなさい。

(1) あなたたちはこの食べ物を何と呼びますか。

(2) まちがうことをこわがってはいけません。

(3) 父は私に読み書きを教えてくれました。

重要暗唱例文　　　　　　　　　　　　　　　　　日本語に直しましょう。

❶ I will show you my picture. (　　　　　　　　　　　　　　　　　　)
❷ My friends call me Ken. (　　　　　　　　　　　　　　　　　　)

❶ 私はあなた（たち）に私の絵〔写真〕を見せましょう。　❷ 友人たちは私をケンと呼びます。

Words & Phrases

□ask a favor「お願いする」　　□vocabulary「語い」

Step A **Step B** **Step C**

●時間 30分　●合格点 70点　●得点　点

1 次の( )にあてはまるものを選び，記号で答えなさい。 (6点)
(1) A hamburger in this picture looks real. It ( ) me hungry. 〔秋田〕
　ア　makes　イ　calls　ウ　takes　エ　gives　( )
(2) A son of your father's sister is your ( ). 〔駿台甲府高〕
　ア　brother　イ　cousin　ウ　uncle　エ　aunt　( )

2 次の日本文に合うように，＿＿に適語を入れなさい。 (6点)
(1) 私たちはその問題を解くのは難しいとわかりました。
　We ＿＿＿＿ it ＿＿＿＿ to answer the question.
(2) 彼は娘をアンと名づけました。
　He ＿＿＿＿ his ＿＿＿＿ ＿＿＿＿ .

3 次の各組の文がほぼ同じ内容になるように，＿＿に適語を入れなさい。 (20点)
(1) { What do they call this fruit in America?
　　 What ＿＿＿＿ this fruit ＿＿＿＿ in America?
(2) { He has twice as many books as I have.
　　 I have ＿＿＿＿ the ＿＿＿＿ of his books. 〔大阪星光学院高〕
(3) { What is the name of that mountain?
　　 What do you ＿＿＿＿ that mountain? 〔実践学園高〕
(4) { Yesterday he said to me, "Are you going to do your homework tomorrow?"
　　 Yesterday he asked me ＿＿＿＿ I was going to do my homework ＿＿＿＿ .
〔久留米大附設高―改〕

4 次の各英文の( )内に入る語句として，最も適切なものをそれぞれ1つずつア～エの中から選び，○で囲みなさい。 (15点)〔慶應義塾志木高―改〕
(1) He can't get used ( ) at night.
　ア　working　イ　to working　ウ　work　エ　worked
(2) I ( ) at the airport.
　ア　was stolen my passport　イ　was my passport stolen
　ウ　had stolen my passport　エ　had my passport stolen
(3) I should ( ) to foreign countries when I was young.
　ア　be traveling　イ　travel　ウ　traveled　エ　have traveled
(4) Would you like to have ( ) cup of coffee?
　ア　another　イ　other　ウ　more　エ　much
(5) Nancy ( ) the building yesterday.
　ア　is seen to have entered　イ　was seen to enter
　ウ　was seen enter　エ　was seen have entered

5 次の日本文に合うように，（　）内の語を並べかえて，全文を書きなさい。（24点）

(1) 彼のおかげで，私はとても幸せになりました。
(made, so, he, happy, me).　〔駒込高〕

_____

(2) 辞書を引けば単語の意味がわかります。
Your dictionary (you, mean, tells, what, words).　〔郁文館高―改〕

_____

(3) 先生に何をしたらよいか聞いてみたらどうですか。
Why don't you (should, ask, you, what, teacher, your) do ?　〔高知学芸高―改〕

_____

(4) 彼女はアメリカ人ではないと思います。
I don't (America, is, from, she, that, think).

_____

6 次の会話文を完成させるために（　）に入る最も適切な表現を，それぞれの選択肢のア～エの中から1つ選び，その記号を○で囲みなさい。（12点）〔実践学園高―改〕

(1) A: What's the best way to get to the movie theater from here ?
B: (　　　　　　　　　　　　　)
ア　I like the movie theater best too.　イ　It's the best to take a taxi.
ウ　It's not far from here.　エ　The best theater is the Royal on Talbot Street.

(2) A: This cake is delicious. Can I have some ?
B: Sure. (　　　　　　　　　　　　　)
ア　It's not yours.　イ　I'm ready to have them.
ウ　Please help yourself.　エ　You look thirsty.

7 "Failure is the mother of success." Explain what this means. Use an example from your own experience. Write in English and use about 50 words.
（17点）〔慶應義塾女子高―改〕

_____
_____
_____
_____

Words & Phrases

□ real「本当の」

16 名詞・冠詞・代名詞

Step A

1 CとDの関係がAとBの関係と同じになるように，＿＿に適語を入れなさい。 〔実践学園高〕

	A	B	C	D
(1)	woman	women	tooth	＿＿＿＿＿
(2)	write	writer	visit	＿＿＿＿＿
(3)	live	life	die	＿＿＿＿＿
(4)	beautiful	beauty	happy	＿＿＿＿＿
(5)	meat	meet	piece	＿＿＿＿＿

2 次の＿＿に a, an, the のうちから適語を入れなさい。ただし，どれも入らない場合は，×を書きなさい。

(1) There was ＿＿＿＿＿ uniform in my locker.
(2) Pass me ＿＿＿＿＿ salt, please.
(3) My father will stay home in ＿＿＿＿＿ morning.
(4) We can see ＿＿＿＿＿ full moon tonight.
(5) His school is in ＿＿＿＿＿ north of this city.
(6) The boy is ＿＿＿＿＿ 11-year-old student in Tokyo.

3 次の（ ）内から適切なものを選び，○で囲みなさい。

(1) I like (one, either, both) of the two pictures. They are fantastic.
(2) Jim usually goes to school by (bus, a bus, buses).
(3) Will you give me (a few, a glass of, two) water?
(4) My (family, families) lives in Yokohama.
(5) This cap is too small. Do you have a bigger (it, that, one)?
(6) Whose pen is this? — It's (my, me, mine).

4 次の日本文に合うように，＿＿に適語を入れなさい。

(1) エミリーは最近，何をしていますか。
   What's Emily doing ＿＿＿＿＿ ＿＿＿＿＿?
(2) 箱の中にケーキが2切れあります。
   There are two ＿＿＿＿＿ of ＿＿＿＿＿ in the box.
(3) からだに気をつけてください。
   Take care ＿＿＿＿＿ ＿＿＿＿＿.
(4) 私はいろいろな国の人と友だちになりたい。
   I want to make ＿＿＿＿＿ with people from different ＿＿＿＿＿.

5 次の文の意味を書きなさい。
(1) It took me an hour to do my homework.
　（　　　　　　　　　　　　　　　　　　　　　　　　　　　　　　　　）
(2) I met a friend of mine on the street.
　（　　　　　　　　　　　　　　　　　　　　　　　　　　　　　　　　）
(3) Please make yourself at home.
　（　　　　　　　　　　　　　　　　　　　　　　　　　　　　　　　　）
(4) You have to change trains at the next stop.
　（　　　　　　　　　　　　　　　　　　　　　　　　　　　　　　　　）

6 次の各組の文中の2つの（　）に共通して入る1語を答えなさい。　〔豊島岡女子学園高〕
(1) We always feel that（　　　　　　）flies when we are having fun.
　　It's（　　　　　　）to go to bed, but I haven't finished my homework yet.

(2) This box is（　　　　　　）enough for me to carry.
　　Please turn on the（　　　　　　）.

7 次の文を英語で書きなさい。
(1) その部屋には何人いましたか。

(2) 私たちのほとんどはこの計画に賛成しています。

(3) メアリーと私は長い間の知り合いです。

重要暗唱例文　　　　　　　　　　　　　　　　　日本語に直しましょう。

❶ I have a dog and two cats.　（　　　　　　　　　　　　　　　　　　　　）
❷ It is raining hard now.　（　　　　　　　　　　　　　　　　　　　　）

❶ 私は犬1匹と猫2匹を飼っています。　❷ 今，はげしく雨が降っています。

Words & Phrases

□full moon「満月」　□fantástic「すばらしい」

Step A Step B Step C

●時間 30分　●得点
●合格点 70点　　　点

1 次の(1)〜(4)の英文の下線部と同じ発音を含む単語を選択肢から選びなさい。
（8点）〔久留米大附設高―改〕

(1) Eating pe<u>a</u>s can be difficult because they often roll off the plate.
　ア　di<u>s</u>appear　イ　di<u>s</u>ease　ウ　di<u>s</u>obey　エ　increa<u>s</u>e

(2) Watching birds gives him great pl<u>ea</u>sure.
　ア　cr<u>ea</u>ture　イ　inst<u>ea</u>d　ウ　br<u>ea</u>the　エ　imm<u>e</u>diately

(3) The teacher all<u>ow</u>ed me to leave school early.
　ア　f<u>ou</u>l　イ　l<u>o</u>se　ウ　impr<u>o</u>ve　エ　kn<u>ow</u>

(4) They got married only r<u>e</u>cently.
　ア　compl<u>e</u>te　イ　dr<u>i</u>ven　ウ　de<u>c</u>ision　エ　h<u>ea</u>d

2 次の(　)内から適切なものを選び，○で囲みなさい。
（24点）

(1) Yesterday, we talked about (we, our, us, ours) families.

(2) (This, That, She, It) is difficult to find his house.　〔栃木〕

(3) Rick couldn't buy those CDs because he had (few, little, a few, many) money.　〔駒込高〕

(4) At first Meg and I were just friends and then we fell in love (each other, with each other, each one of us, with each one of us).　〔愛光高〕

重要 (5) Would you like (other, others, another, the others) cup of coffee?　〔函館ラ・サール高―改〕

重要 (6) A: I bought this bag yesterday.
　　B: It looks good. I like (it, it's, its, it is) color.　〔千葉―改〕

テストに出る (7) A: Did you catch many fish in the river yesterday?
　　B: No, I only caught (a few, much, too many, a lot of) fish.　〔福島〕

難 (8) Oliver is a good swimmer. He won today's (pool, race, lace, swim), and made a new school record in the 100-meter freestyle.　〔青雲高―改〕

3 次の日本文に合うように，＿＿に適語を入れなさい。
（16点）

(1) ジョンとメアリーは学校へ行く途中で先生に会いました。
　John and Mary met their teacher ＿＿＿＿ their ＿＿＿＿ to school.　〔駒込高〕

(2) 私は自分の時計が好きではありません。彼らのがいいです。
　I don't like my watch. I like ＿＿＿＿ better.

(3) 5分後に戻ってきますね。
　I will be back in five ＿＿＿＿.　〔(2), (3)法政大第二高〕

(4) 中古車のほうが新車よりもはるかによいと思います。
　I think used cars are ＿＿＿＿ better than new ＿＿＿＿.　〔開成高〕

4
2つの対話文があります。それぞれの対話の状況を考え，最も適切な応答となるように　　に入るものを，下のア〜エから選び，○で囲みなさい。　　　　　（20点）〔富山〕

(1) *Maria*: Yuki, do you have a pen now?
　　Yuki : Yes, I do.
　　Maria: 　　　　　　　　　　　
　　Yuki : Of course. Here you are.

　ア　Will you use your pen?　　イ　Can I use your pen?
　ウ　Do you use my pen?　　　エ　May I use my pen?

(2) *Kazuo*: Tomorrow is Sunday.
　　Jack : Do you have any plans?
　　Kazuo: Yes, I'm going to watch a baseball game. I have two tickets for it. Why don't you come with me?
　　Jack : 　　　　　　　　　　　

　ア　OK, that's great!　　　　イ　Sorry, I didn't come.
　ウ　Oh, no! My ticket!　　　エ　I know, it's Saturday today.

5
次の各組の文の空所に共通して入る単語を書きなさい。　　　　　（20点）〔函館ラ・サール高〕

(1) Please give me a (　　　　　) tomorrow.
　　My friends usually (　　　　　) me by my first name.

(2) You have to (　　　　　) trains at Sapporo.
　　I didn't have small (　　　　　) when I took the bus.

(3) It was (　　　　　) to solve the math problem.
　　He practiced (　　　　　) before the game.

(4) He cannot (　　　　　) smoking.
　　Is there a bus (　　　　　) around here?

6
オーストラリアにいるマイク（Mike）から，次のような内容の電子メールが届きました。マイクの依頼にこたえる返事を，2文以上の英語で書きなさい。ただし，語数は全部で20語以上とし，符号（. , ? ! など）は語数に含まないものとします。　　　　　（12点）〔和歌山〕

> I'll go to your school soon and study with you for two weeks. I want to know about your school. Can you tell me about it? I'll talk about it with my family.

Words & Phrases

- disappear「見えなくなる」
- disease「病気」
- disobey「服従しない」
- increase「増える」
- pleasure「楽しみ，喜び」
- creature「生き物」
- instead「その代わりに」
- breathe「呼吸する」
- immediately「すぐに」
- allow「〜を許す」
- improve「〜を改良する」
- complete「完全な」
- freestyle「自由形」

17 時制の一致

Step A Step B Step C

1 次の（　）内から適切なものを選び，○で囲みなさい。
(1) I heard that John (speaks, spoke) Japanese when he stayed in Japan.
(2) Do you know where she (lives, lived) now?
(3) I thought Tom (is, was) a good boy a short time ago.
(4) Linda said that she (will, would) go to France someday.
(5) What is the country you (visit, visited) last winter?

2 次の＿＿にあてはまる語を下から選びなさい。ただし，同じ語を2度使わないこと。
(1) ＿＿＿＿＿ I was very tired, I went to bed at once.
(2) ＿＿＿＿＿ it is fine tomorrow, we will go swimming.
(3) You must do your homework ＿＿＿＿＿ you go to bed.
(4) ＿＿＿＿＿ I saw him, he was writing a letter to his friends.
〔as, before, if, when〕

3 次の文の意味を書きなさい。
(1) I thought he was free.
(　　　　　　　　　　　　　　　　　　　　　　　　　）
(2) I don't know who he is.
(　　　　　　　　　　　　　　　　　　　　　　　　　）
(3) I learned that the earth goes around the sun.
(　　　　　　　　　　　　　　　　　　　　　　　　　）
(4) You must get there before it gets dark.
(　　　　　　　　　　　　　　　　　　　　　　　　　）
(5) My teacher said he reads English books every day.
(　　　　　　　　　　　　　　　　　　　　　　　　　）

4 例にならって，次の文を書きかえなさい。
〔例〕 He said, "I can run fast." → He said that he could run fast.
(1) She said, "I am washing dishes."

(2) She said to me, "I'll wait for you here."
　　_____

(3) Ted said to me, "Do you know the song?"
　　_____

5 次の各組の文がほぼ同じ内容になるように，____に適語を入れなさい。

(1) { If you get up early, you will catch the first train.
　　 Get up early, _____ you will miss the first train. }

(2) { I said to her, "Please do it again."
　　 I _____ her to _____ it again. }

(3) { Did you know the size of this city in those days?
　　 Did you know _____ large this city _____ in those days? }

(4) { Jiro says to me, "I want to see your guitar."
　　 Jiro _____ me that _____ wants to see _____ guitar. }

6 誤りのある部分の記号を○で囲み，その誤りを直して全文を書きなさい。

(1) If it <u>will rain</u> tomorrow, <u>I will</u> stay <u>at home</u>.
　　　　ア　　　　　　　　イ　　　　　ウ
　　_____

(2) I knew <u>that</u> Mr. Kato <u>is</u> <u>about thirty years old</u> then.
　　　　　ア　　　　　　イ　　ウ
　　_____

(3) Three years <u>have passed</u> since my father <u>dies</u>.
　　　　　　　ア　　　イ　　　　　　　　　　　ウ
　　_____

重要暗唱例文　　　　　　　　　　　　日本語に直しましょう。

❶ He said, "I will go."　　　(　　　　　　　　　　　　　)
❷ He said that he would go.　(　　　　　　　　　　　　　)
❸ I know that he is a pianist.　(　　　　　　　　　　　　)
❹ I knew that he was a pianist.　(　　　　　　　　　　　)

❶ 彼は「私は行くつもりだ」と言いました。　❷ 彼は行くつもりだと言いました。
❸ 私は彼がピアニストだと知っています。　❹ 私は彼がピアニストだと知っていました。

Words & Phrases
□ in those days「当時の」　　□ pianist「ピアニスト」

Step B

1 次の( )内から適切なものを選び，○で囲みなさい。 (12点)

(1) What are you going to do when you (left, leave, will leave, leaving) school?

(2) I did not know the news (either, until, by, while) I turned on the radio this morning.
〔(1), (2)青雲高〕

(3) Taro didn't study hard before the examination, (because, but, or, so) he couldn't do it very well.
〔駒込高〕

重要 (4) I will go on a picnic if it (will be, is, was, has been) fine tomorrow.

(5) She has been ill (before, till, for, since) she came to Yokohama. 〔(4), (5)山手学院高〕

(6) I knew that World War II (end, ends, ended) in 1945.

2 次の文を指示に従って書きかえなさい。 (12点)

(1) I <u>think</u> that my brother can pass the test. （下線部を過去形にかえて）
_____

(2) I <u>wonder</u> when my mother is going to come back. （下線部を過去形にかえて） 〔新庄高〕
_____

(3) They said to me, "What time do you leave?" （asked を使ってほぼ同じ内容を表す文に）
_____

(4) We told him to close the door right away. （引用符を使ってほぼ同じ内容を表す文に）
_____

3 次の各組の文がほぼ同じ内容になるように，＿＿に適語を入れなさい。 (20点)

(1) { He said to me, "The bag is mine."
    He told me that the bag ＿＿＿＿ ＿＿＿＿.

(2) { Paul promised his father that he would not tell a lie again.
    Paul promised his father ＿＿＿＿ ＿＿＿＿ tell a lie again. 〔(1), (2)慶應義塾高〕

(3) { Our teacher said to us, "When will you leave Narita Airport?"
    Our teacher ＿＿＿＿ us ＿＿＿＿ we would leave Narita Airport. 〔久留米大附設高—改〕

(4) { If you run, you won't miss the last bus.
    If you run, you will ＿＿＿＿ the last bus. 〔法政大第二高〕

step B

4 誤りのある部分の記号を〇で囲み，その誤りを直して全文を書きなさい。 (10点)

(1) Why don't we start as soon as he will come?
　　　　　　ア　　イ　　　ウ　　　　エ

(2) They did not know this every person has basic human rights.
　　　　　　　　　　ア　　　イ　　　　ウ　　　　エ

5 次の日本文に合うように，（　）内の語句を並べかえて，全文を書きなさい。 (10点)

(1) 君はその老人がどのくらいこの公園に来るか，知っていますか。〔高知学芸高－改〕
Do you know (this, to, park, often, the old man, how, comes)?

(2) イギリス滞在中に彼女に会うとは思ってもみませんでした。〔開成高－改〕
She was the (person, had expected, see, to, last, I) during my stay in England.

6 次の文を英語で書きなさい。 (16点)

(1) 車はすばらしいもので欠かせないものだとたいていの人は考えています。〔愛光高－改〕

(2) 日本が世界で最も裕福な国の1つであることはわかっていました。〔桐朋高－改〕

7 次の英文は，英語の授業で出された課題です。あなたは，この課題に対してどのように答えますか。24語以上の英語で自由に書きなさい。ただし，英文は2文以上になってもよいものとします。
(20点)〔北海道〕

> Which season is better for people who will visit Hokkaido, summer or winter? Please write about which season is better for them and the reason.

Words & Phrases

□World War II「第二次世界大戦」　　□promise「～を約束する」　　□human rights「人権」
□expect「～を予期する」

18 重要表現・熟語

Step A > Step B > Step C

1 次の（ ）内から適切なものを選び，○で囲みなさい。
(1) He takes (lot of, a lot of, a lot, lot) pictures.
(2) There is (little, few, a few, many) milk left.
(3) Tom's got something wrong (to, for, with, of) his foot. 〔慶應義塾志木高〕
(4) I'll (able to, be able to, be able, able) go to Beijing next year.
(5) Do you know *yukata* is (kind, kinds, a kind of, many kinds of) *kimono* ?
(6) We never heard from Jim (at, during, for, while) the two month summer vacation. 〔灘高〕
(7) He wrote not only music (and, with, but, too) the lyrics.
(8) I was afraid (to, of, at, with) dogs when I was a child. 〔愛光高〕

2 次の___にあてはまる語を下から選びなさい。ただし，同じ語を2度使わないこと。
(1) Mongolian wrestling is quite different _____ Japanese *sumo*.
(2) Tom came to Japan _____ the first time.
(3) Emi studies English _____ least thirty minutes every day.
(4) He wants to be a pilot when he grows _____ .
(5) The train stopped because _____ the heavy snow.
(6) There is a black car _____ front of the gate.
(7) Watching golf _____ TV is fun for my father.
(8) If you don't listen _____ me, you'll be in trouble.
[at, for, from, in, of, on, to, up]

3 次の文の答えとして最も適するものを右から選び，記号で答えなさい。
(1) Is she fine ? (　)
(2) Nice to meet you. (　)
(3) Is coffee ready ? (　)
(4) Would you like some more ? (　)
(5) Thank you very much. (　)
(6) I have a bad cold. (　)
(7) May I make a phone call here ? (　)

ア	Nice to meet you, too.
イ	Just a minute.
ウ	Yes, she's all right now.
エ	That's too bad.
オ	No, thank you.
カ	Of course you can.
キ	You're welcome.

4 次の日本文に合うように，＿＿に適語を入れなさい。

(1) 私はいくつかの都市を訪れたい。例えば，ロンドンやパリです。
I want to visit some cities, _____ _____, London and Paris.

(2) 子どもたちはその庭の手入れをよくしています。
The children _____ good _____ of the garden.

(3) 医師の意見では，彼らは運動不足です。
_____ the doctor's _____, they need more exercise to do.

5 次の文の意味を書きなさい。

(1) What in the world are you saying?
(　　　　　　　　　　　　　　　　　　　　　　　　　　　　　　)

(2) In short, he doesn't like me.
(　　　　　　　　　　　　　　　　　　　　　　　　　　　　　　)

6 次の場合に英語で何と言いますか。2語以上の英文を書きなさい。

(1) 他人に「すみませんが」と話しかけるとき。
_____

(2) 相手に「あなたはどうですか」と意見を求めるとき。
_____

(3) 「何とおっしゃいましたか」と聞き返すとき。
_____

(4) 店員が客に対して「いらっしゃいませ」と言うとき。
_____

(5) 申し出などに対して，「いいえ，結構です」と丁寧に断るとき。
_____

重要暗唱例文　　　　　　　　　　　　　日本語に直しましょう。

❶ Tom is fond of swimming.　(　　　　　　　　　　　　　　　　　)
❷ The library has a lot of books.　(　　　　　　　　　　　　　　　　　)

❶ トムは泳ぐのが好きです。　❷ その図書館にはたくさんの本があります。

▶▶▶▶▶ **Words & Phrases** ◀◀◀◀◀

☐Beijing「北京」　☐lyric「歌詞」　☐Mongólian wréstling「モンゴル相撲」　☐pilot「パイロット」
☐éxercise「運動」

113

1 次の＿＿にあてはまる語を下から選びなさい。ただし，同じ語を2度使わないこと。（12点）

(1) Please be careful when you walk _____ the street. 〔函館ラ・サール高—改〕
(2) My host family was very kind _____ me.
(3) They are waiting _____ the last train.
(4) Those people said nothing and ran _____.
(5) The book is full _____ good ideas.
(6) I stay _____ my uncle's family every summer.

［across, away, for, of, to, with］

2 次の（ ）内から適切なものを選び，○で囲みなさい。（9点）

(1) I asked two people the way to the station, but (none, either, both, neither) of them could help me. 〔久留米大附設高〕
(2) The park is famous (for, to, as, with) beautiful cherry blossoms in spring.
(3) I have read (most, almost, much, every) of the books on the shelf. 〔中央大杉並高〕

3 次の文の答えとして最も適するものを選び，記号で答えなさい。（12点）

(1) Goodbye.
　ア See you.　イ I see.　ウ Nice to see you.　エ Let's see.　（　）
(2) You look beautiful in that dress. 〔栃木〕
　ア Me, too.　　　　　イ Oh, do you?
　ウ Thank you.　　　エ You did.　（　）
(3) Why don't we have a cup of coffee after lunch? 〔駒込高—改〕
　ア Because we want to.　イ What's up?
　ウ Take it easy.　　　　エ That sounds nice.　（　）

4 次の各組の文がほぼ同じ内容になるように，＿＿に適語を入れなさい。（16点）

(1) ｛ Shall I take a picture?
　　Do you _____ _____ to take a picture? 〔実践学園高〕
(2) ｛ Jerry is better at playing tennis than Tom.
　　Tom cannot play tennis _____ _____ _____ Jerry. 〔愛光高〕
(3) ｛ Why was she so happy?
　　_____ _____ her so happy? 〔青雲高〕
(4) ｛ May I sit next to you?
　　Do you _____ me _____ next to you? 〔慶應義塾高〕

Step B

5 次の場合に英語で何と言いますか。下から選び，記号で答えなさい。　(21点)〔雲雀丘学園高〕

(1) 相手の言ったことが聞き取れないとき。　(　　)
(2) 友だちが困った様子で考えこんでいるのを見たとき。　(　　)
(3) 転校する親友に，さびしくなるという気持ちをこめるとき。　(　　)
(4) 重い荷物を運ぶのに，だれかの助けが必要なとき。　(　　)
(5) 話すのをためらっている相手をうながすとき。　(　　)
(6) 目的地に到着したとき。　(　　)
(7) 飛んできたボールが友だちに当たりそうなとき。　(　　)

ア	Here we are.	イ	Give me a hand.	ウ	What's the idea ?
エ	I'll miss you.	オ	Watch out !	カ	What's the matter ?
キ	Go ahead.	ク	Is that clear ?	ケ	Long time no see.
コ	Hold on.	サ	I beg your pardon ?		

6 次の対話文が完成するように，(　　)内に適切な英語1語を書きなさい。　(8点)〔高知学芸高〕

(1) A : I've caught a cold. I have a headache.
　　B : That's too (　　　　　).
(2) A : (　　　　　) do you like this pen ?
　　B : I think it's good.
(3) A : Sorry to call so late.
　　B : No (　　　　　). What's up ?
(4) A : She's from America.
　　B : I'm (　　　　　) you're wrong. She is from Canada.

7 あなたは，春休みにオーストラリアでホームステイをすることになりました。ホームステイ先へのプレゼントとして，下の3つの日本の伝統的な品物の中から1つを選ぶなら，あなたは下のA〜Cのどれを選びますか。現地であなたがプレゼントを渡すとして，その品物について30語程度の英語で説明してください。ただし，記号(,.?!)は1語として数えません。なお，説明には「①それは何なのか　②なぜそれを選んだのか　③それをどのような時に，もしくはどのようにして使うのか」の3つの要素を必ず含めることとします。また，解答の末尾に使用した語数を記入してください。　(22点)〔関西学院高等部〕

A. an *uchiwa*　　B. a *yukata*　　C. a *furoshiki*

Words & Phrases

□cherry blossom「さくらの花」

3年 ▶ 14〜18の復習

Step A 〉 Step B 〉 Step C

● 時　間 30分　● 得　点
● 合格点 70点　　　　点

1 次のア〜コの単語の中で，第2音節を最も強く発音するものを2つ選び，その記号を答えなさい。　〔実践学園高〕　（5点×2—10点）

ア　un-der-stand　イ　news-pa-per　ウ　Jap-a-nese
エ　en-joy　　　　オ　class-room　　カ　hol-i-day
キ　dif-fer-ent　　ク　pop-u-la-tion　ケ　some-one　コ　gui-tar

2 次の(1)〜(5)にある単語を使った例文とその単語の定義がある。定義に当てはまる1語を，例文の空所に合うように書きなさい。　〔駿台甲府高〕　（5点×5—25点）

(1) Ms. Jones will (　　　　) us English next year.
give students lessons in a particular subject

(2) My bicycle is broken. Can I (　　　　) yours?
take and use something that you will give back later

(3) Can I have some water? I'm really (　　　　).
wanting or needing to drink something

(4) In Japan school begins in (　　　　).
the fourth month of the year

(5) She's making dinner in the (　　　　).
a room used for preparing and cooking food

3 次の各組の(　)に共通して当てはまる語を書きなさい。　（5点×2—10点）

(1) ┌ He is (　　) young to understand it.
　　└ I like his paintings. — Me, (　　).

(2) ┌ What (　　) is it now?
　　└ He is in (　　) for the meeting.　〔郁文館高〕

4 次の各組の文がほぼ同じ内容になるよう，＿＿に適語を入れなさい。　（5点×3—15点）

(1) ┌ My father sang very well.
　　└ My father was a very ＿＿＿＿ ＿＿＿＿.　〔法政大第二高—改〕

(2) ┌ Do you know how large that soccer stadium is?
　　└ Do you know the ＿＿＿＿ of that soccer stadium?
　　　〔早実高等部—改〕

116

5 次の日本文に合うように，（ ）内の語を並べかえて，全文を書きなさい。

(1) 私は数分前に図書館の前で彼を見ました。
　　I saw (in, him, of, front) the library a few minutes ago. 〔愛媛—改〕

(2) 彼は明日，学校に来ると思いますか。
　　Do (come, he, think, will, you) to school tomorrow? 〔石川—改〕

(3) 私たちは彼らがしている試合をクリケットと呼びます。
　　We (are, call, game, the, they) playing cricket. 〔福島—改〕

(4) あの絵を見て，私はうれしくなりました。
　　(made, that, happy, me, picture). 〔神奈川—改〕

(5) 箱にはってあるラベルでは，このお茶がどんな種類のものかわかりません。
　　The label on the box doesn't (kind, tea, what, this, say, is, of). 〔海城高—改〕

(4点×5—20点)

6 次の英文の空所に入る最も適切なことわざを下から選び，記号で答えなさい。ただし，同じ記号は一度しか使えないものとします。また，ことわざは文中に入る場合でも，大文字で始めてあります。
〔開成高〕
(5点×4—20点)

(1) (　　　　　　　). I was so sad when my husband died, but now only happy memories remain.

(2) First I lost my job. Then my wife caught *pneumonia and as I was going to visit her in the hospital, I fell down and broke my leg. Now I know what they mean when they say
(　　　　　　　).
注 pneumonia 肺炎

(3) (　　　　　　　). I'll never understand why such an elegant woman as Maria reads books like that.

(4) There are several ways to get to the truth. It makes no difference which one you use.
(　　　　　　　).

　イ　All roads lead to Rome
　ロ　It never rains but it pours
　ハ　The pen is mightier than the sword
　ニ　There's no accounting for taste
　ホ　Time is the great healer
　ヘ　The early bird catches the worm

長文問題 (5)

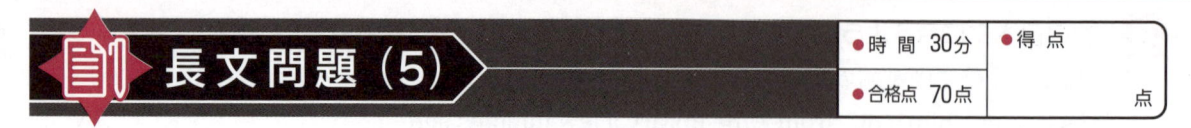

次の文は中学生の由香(Yuka)さんが英語の授業で行なったスピーチの原稿です。これを読んで，あとの各問いに答えなさい。
〔石川〕

　It sometimes difficult to go to sleep when we have a problem. But I found a good way to get out of the problem. Today I'd like to share it with you.

　Last year our class sang two songs in the school festival. My best friend, Mayumi, played the piano for us. A week before the festival we had a problem. One of the songs was too difficult, and Mayumi always stopped at the same part. She said, "I can't do this. ①Can anyone else play the piano?" But Mayumi was the best player. "No one else can do it. You should work harder," I said. "I'm practicing hard !" cried Mayumi and began to play the piano again. No one enjoyed the practice after that.

　On that night I couldn't sleep. I thought about Mayumi in bed. I said a bad thing when I should be kind to her. I didn't know what I should do.

　I went to drink some water. Then my mother came up to me and said, "You can't go to sleep?" I told her about the mistake I made on that day. I wanted to go back to that moment and shut my mouth.

　My mother said to me, "The words you have said will never come back to your mouth. What can you do now to change the future?"

　I went back to bed and thought, "What can I do tomorrow? First I will say 'I'm sorry,' to Mayumi. Next we should talk about the way to sing that song. Everyone practiced it very hard, so we want to sing it. But the best pianist in the class can't play ②it." Then I had a good idea. If two players play the song together, it may be easier. This idea made me happy, and I went to sleep.

　My idea worked well, and the chorus moved everyone in the hall. From this experience I learned an important thing about life. When I cannot sleep because of a problem, I always tell myself to think only about the future. If you know how to make a change the next morning, you will feel better. I believe this will help you too when you have a problem.

　注　practice 練習(する)　　shut 閉じる　　pianist ピアノ奏者　　chorus 合唱

(1) 下線部①に対して，誰がどのように答えたかわかる部分を本文中から探し，その部分の最初と最後の1語を書きなさい。 (20点)

(2) 下線部②の内容を示す語句を本文中から抜き出して書きなさい。 (10点)

(3) 母と話した後，由香さんは寝る前に次のようなメモを書きました。（　）にそれぞれ適切な日本語を書きなさい。

明日すること
① まゆみさんに（　　　　　）。
② （　　　　　）ことを提案する。

（20点）

①
②

(4) 次のア～エのうち，このスピーチのタイトルとして最も適切なものを1つ選び，その符号を書きなさい。

（15点）

ア　How to Enjoy the School Festival
イ　How to Feel Better When You Have a Problem
ウ　How to Make Good Friends
エ　How to Sing Difficult Songs

(5) このスピーチを聞いて，宏志(Hiroshi)さんが次のように内容をまとめました。次の①～③に入る最も適切な語を，下のア～カからそれぞれ1つずつ選び，その符号を書きなさい。

　Yuka couldn't (　①　) because she said a bad thing to her friend, Mayumi. But after she found how to make a (　②　), she felt better. From this experience she has learned that it is important to think only about the (　③　) when we have a problem.

ア　change　　イ　future　　ウ　mistake
エ　play　　　オ　sleep　　　カ　stop

（15点）

| ① | ② | ③ |

(6) このスピーチをした後，伊藤(Ito)先生がスピーチの内容について由香さんに質問しました。それぞれの下線部にあてはまる適切な英語を書きなさい。

① *Ms. Ito:* ＿＿＿＿＿＿ did you sing in the school festival？
　Yuka ：We sang two.

② *Ms. Ito:* If you can go back to "that moment" of the day, what will you say to Mayumi？
　Yuka ：I will say to her, "＿＿＿＿＿＿ practicing hard for us. Let's find another way."

（20点）

①
②

総合実力テスト 第1回

●時間 40分　●得点
●合格点 70点　　　　点

1 最も強く発音する部分の位置がほかと異なるものを1つ選び，記号で答えなさい。

〔広島〕（2点×3―6点）

(1) ア　Ju-ly　　　　イ　mon-ey
　　ウ　sur-prised　　エ　with-out
(2) ア　Ca-na-da　　　イ　dif-fi-cult
　　ウ　pi-a-no　　　 エ　Sat-ur-day
(3) ア　im-por-tant　 イ　re-mem-ber
　　ウ　to-geth-er　　エ　un-der-stand

2 下線部の発音が異なるものの組み合わせを選び，記号で答えなさい。

〔愛光高―改〕（3点）

ア　exch<u>a</u>nge ― n<u>ei</u>ghbor　　イ　thr<u>ou</u>gh ― gr<u>ou</u>p
ウ　r<u>a</u>dio ― tr<u>ea</u>sure　　　エ　<u>ear</u>ly ― l<u>ear</u>n

3 次の日本文に合うように，（ ）内の語句を並べかえて，全文を書きなさい。

〔開成高―改〕（4点×5―20点）

(1) その本を読んだ感想をお聞かせください。
　　(to / like / the book / you / think / hear / I'd / what / of).
(2) その映画に関してもっと言うことはないのですか。
　　(all / is / you / film / that / to / about / have / say / the)?
(3) どうして起業する気になったのですか。
　　(you / decide / start / what / your / business / to / made / own)?
(4) こんな問題は難しくて私には解けません。
　　(me / is / solve / too / for / problem / difficult / this / to).
(5) 前回洗車したのはいつですか。
　　(last time / was / washed / car / when / the / you / your / got)?

4 次の文を英語で書きなさい。ただし，(2)は下線部のみ英語で書くこと。

〔青森高—改〕（5点×2—10点）

(1) 私たちは子どものころからの知り合いです。

(2) 母　：ただいま。留守中に電話はなかった？
　　子ども：ああ，あったよ。でも，だれだったか思い出せないよ。

5 次の対話文中の（　）にあてはまるものを選び，記号で答えなさい。

〔岩手〕（3点×2—6点）

(1) A: Do you come to school by bike?
　　B: No, I don't.
　　A: (　　) do you come to school?
　　B: I walk to school every day.
　　ア How　　イ Which　　ウ What　　エ Where

(2) A: Who carried this map to the classroom?
　　B: (　　).
　　A: Thank you, Ryota. Now, let's begin the class.
　　ア He was Ryota　　イ Ryota has
　　ウ Ryota was　　エ Ryota did

6 それぞれ英文を読んで，問いに答えなさい。

〔高知〕（4点×2—8点）

(1) 次の英文の表題として最も適切なものを選び，記号で答えなさい。

　　People all over the world love music. Even people who don't play the guitar or the piano may like music. Even if you can't sing well, you may enjoy listening to music. Music is always with us and makes us happy. It is one of the most important things in our lives.

　　注　even if ～　たとえ～でも

　　ア 世界の音楽　　イ 音楽の力　　ウ 楽器の音色
　　エ 歌の楽しさ

(2) 次の英文の（　）に入る最も適切なものを選び，記号で答えなさい。

　　The other day, I watched the news about Mt. Fuji on TV. It said, "Mt. Fuji has a big problem about trash. Some people leave so much trash there. They leave bikes, cars, machines like computers, and so on. This is a serious problem we should think about." When I watched the news, I was sad to know that (　　). I thought I had to do something to save this beautiful mountain.

　　注　news　ニュース　　trash　ごみ　　～ and so on　～など　　serious　重大な

　　ア many people recycled many machines
　　イ many people cleaned the mountain
　　ウ some people left many things there
　　エ some people saved the environment

7 高校生の和也(Kazuya)は，英語の授業で，アメリカから来た留学生のジョン(John)の話を聞きました。次の[Ⅰ]，[Ⅱ]に答えなさい。　　〔大阪〕

[Ⅰ] 次の英文は，ジョンが話した内容です。右の写真はそのときジョンが見せたものです。下のメモは，ジョンが話した内容を和也が日本語でまとめたものです。メモの内容と合うように，次の英文中の（　）内からそれぞれ最も適している１語を選び，書きなさい。（2点×5＝10点）

I have a friend who A(live, lives, living) in a traditional Japanese house. I visited his house last week. His house was very B(easy, old, warm) and large. In a room in the house, I saw sliding doors made of paper and wood. This is a picture of the sliding doors. Light came into the room C(to, on, through) them. I D(asked, found, put) him about them. He said, "They are called *shoji*." I saw doors made of paper and wood for the first E(idea, name, time).

shoji（障子）

注　traditional　伝統的な　　sliding door　引き戸　　made of ～　～でできている　　wood　木　　light　光

〈メモ〉

- ジョンには，伝統的な日本家屋に住む友人がいる。
- 先週，ジョンはその友人の家を訪れた。
- 友人の家はとても古くて大きかった。
- その家のある部屋には，紙と木でできている引き戸があり，光がその引き戸を通って，部屋の中に入ってきていた。
- ジョンが友人にその引き戸について質問すると，友人はそれらは障子と呼ばれていると言った。
- ジョンは，初めて，紙と木でできている戸を見た。

A	B	C	D	E

[Ⅱ] 次は，和也が英語の授業で書いた，和紙(*washi*)についてのレポートの原稿です。彼の原稿を読んで，あとの問いに答えなさい。

John told us about *shoji* in our class. He said, "A door made of paper and wood is very interesting for me. People in Japan use paper in many ways in their life." After his speech, I became interested in paper. So, I (　A　) to study about it.

The traditional Japanese paper is called *washi*. People in Japan have passed down the way of making *washi* for a long time. People make *washi* by using fibers of plants. There are many steps in making *washi*. It becomes strong with those steps. And it can last for a very long time. At *Shosoin* in Nara, there are very old pieces of *washi*. They were made more than 1,300 years ago.

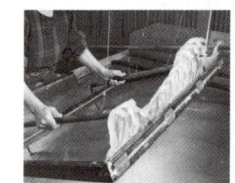

a step in making *washi*
（和紙作りの工程の一つ）

I have read some books about *washi*, and I learned that people in the past used *washi* well. BThey used *washi* to (needed, make, they, in, things) their life. It was used to make *shoji*. It was also used to make folding fans and umbrellas. Some foreign people who visited Japan in the *Edo* period and the *Meiji* period thought that *washi* was strong and useful.

a folding fan（扇子）

I learned an interesting thing about *washi*. Now it is used to repair old books and maps at libraries and museums in other countries. I was surprised to learn Cthat. And people from foreign countries have come to Japan to study how to repair old things with *washi*.

Learning about *washi* is a lot of fun. And I think there are some other good ways to use it in our life. I would like to tell people in the world about *washi*.

122

注　pass down 伝える　　fiber 繊維　　plant 植物　　last もちこたえる　　*Shosoin* 正倉院
　　a piece of ～ 一枚の～　　past 昔　　umbrella 傘　　foreign 外国の
　　the *Edo* period 江戸時代　　the *Meiji* period 明治時代　　repair 修復する　　map 地図

(1) 次のうち，本文中の **A** にあてはまるものを選び，記号で答えなさい。　　　　　　　　　　(3点)
　　ア　finished　　イ　forgot　　ウ　kept　　エ　began

(2) 下線部 **B** が，「彼らは生活の中で必要なものを作るのに和紙を使った。」という内容になるように，(　)内の語を並べかえなさい。　　　　　　　　　　(4点)

(3) 下線部 **C** の内容を日本語で具体的に書きなさい。　　　　　　　　　　(5点)

(4) 次の問いに英語で答えなさい。　　　　　　　　　　(4点×2—8点)
　① Do people use fibers of plants when they make *washi* ?
　② What did some foreign people who visited Japan in the *Edo* period and in the *Meiji* period think about *washi* ?

(5) 本文の内容と一致するものを1つ選び，記号で答えなさい。　　　　　　　　　　(5点)
　ア　People in Japan have passed down how to make the traditional Japanese paper for a long time.
　イ　People in the past used *washi* well in their life, but they never used it to make umbrellas.
　ウ　People from foreign countries have come to Japan to teach us how to repair old things with *washi*.

8

あなたのクラスでは，英語の授業で，3年間の学習のまとめとして，英語の文集を作ることになりました。次のテーマについて英語で書きなさい。　　〔山形―改〕(12点)

テーマ　Ⓐ　今までで一番うれしかったこと　　Ⓑ　将来ぜひやってみたいこと

・3文以上の英文で，まとまりのある内容になるように書くこと。
・人や社会とのかかわりの中で，「うれしかったこと」と「やってみたいこと」を書くこと。
・それぞれのテーマは次の書き出しで始めること。なお，書き出しの英語も記入すること。
　　　　Ⓐ　I was happiest when　　Ⓑ　I really want to

総合実力テスト 第2回

●時間 40分 ●合格点 70点 ●得点 点

1 次の(1)〜(3)の英文を読むとき，それぞれ1か所区切るとすれば，どこで区切るのが最も適切ですか。ア〜エの中から選びなさい。〔広島〕 (1点×3—3点)

(1) A lot of (ア) people (イ) were very excited (ウ) to see (エ) the famous singer.

(2) The hat (ア) my grandmother (イ) bought me (ウ) last week (エ) is very nice.

(3) My English teacher (ア) has lived (イ) in Hiroshima (ウ) since he was (エ) six years old.

2 次の(1)〜(3)の対話文を読んで，それぞれの下線部ア〜エの語のうち，最も強く発音する語を1つ選びなさい。〔広島〕 (1点×3—3点)

(1) *Mari:* What is the most popular sport in your country?
　　Tom: <u>Baseball</u>(ア) is the most <u>popular</u>(イ) <u>sport</u>(ウ) in my <u>country</u>(エ).

(2) *Mari:* How do you go to school?
　　Tom: <u>I</u>(ア) <u>usually</u>(イ) go there <u>by</u>(ウ) <u>bike</u>(エ).

(3) *Mari:* Why were you late yesterday?
　　Tom: <u>Because</u>(ア) I <u>felt</u>(イ) very <u>sick</u>(ウ) <u>yesterday</u>(エ).

3 CとDの関係がAとBの関係と同じになるように，＿＿に適語を入れなさい。〔実践学園高〕 (2点×5—10点)

	A	B	C	D
(1)	foot	feet	wife	＿＿
(2)	right	wrong	light	＿＿
(3)	clear	clearly	happy	＿＿
(4)	move	movement	choose	＿＿
(5)	pictures	museum	animals	＿＿

4 次の( )内から適切なものを選び，記号で答えなさい。 (2点×3—6点)

(1) Maria can ski (ア good　イ well　ウ better　エ best) than Sally. 〔栃木—改〕

(2) Satoshi started playing golf (ア if　イ when　ウ that　エ but) he was seven years old. 〔沖縄—改〕

(3) This book is as good for a child (ア than　イ that　ウ who　エ as) for any adult. 〔青雲高〕

5

次の(1)〜(7)の対話の（　）に入る適切な語を答えなさい。〔広島大附高〕

(1) A: (　　) (　　) going fishing tomorrow?
　　B: Sounds good.
(2) A: Can we meet tomorrow afternoon?
　　B: I'm (　　) not. I will have to finish my report.
(3) A: Excuse me, when is the next train for Shinjuku?
　　B: (　　) five minutes.
(4) A: Why don't you have something (　　) (　　)?
　　B: No, thanks. I'm not thirsty.
(5) A: (　　) (　　) are you going to stay here?
　　B: I'm going to leave next month.
(6) A: I read a very interesting book yesterday.
　　B: Oh, what was it (　　)?

6

次の日本文に合うように、（　）内の語句を並べかえて、全文を書きなさい。

(1) ジュディは私に日本語で書かれた手紙をくれました。
　　Judy gave (written, a, Japanese, letter, me, in).〔京都一改〕
(2) 私が見つけた数冊の本のうちの1冊に、北海道はおいしいスイーツで有名とありました。
　　One (I, of, found, showed, the books) that Hokkaido is famous for good sweets.〔北海道一改〕

7

次の(1), (2)の各組のAとBとの対話が成り立つように、□に最もよくあてはまるものをそれぞれのア〜エから一つ選びなさい。〔福岡〕

(1) A: I'll go to the fireworks festival with my family this evening. Will you join us?
　　B: □
　　A: Great. See you this evening.
　　ア　I'm sorry, but I can't.　　イ　I have to stay at home.
　　ウ　Of course I will.　　エ　No, thank you.

(2) A: We have only five minutes before the soccer game starts, but Kumi hasn't arrived yet.
　　B: Is she the girl standing at the gate now?
　　A: □ That's Mariko.
　　ア　That's right.　　イ　I'm afraid she isn't.
　　ウ　I don't know her.　　エ　I agree.

8 明子のクラスでは，英語の授業で紙芝居（かみしばい）を作りました。明子は次の絵を(1)→(2)→(3)の順に見せながら英語で話をしました。【明子が話した内容】の中の ① ， ② に適当な英語を入れて完成させなさい。なお，英文は2文以上になってもかまいません。また，文末にはピリオド(.)またはクエスチョンマーク(?)をつけなさい。　　　　　　〔長崎〕

(1)

【明子が話した内容】

When a little boy went to bed, ①

She said, "OK."

(2)

His mother began to read the book to the boy, and he listened to the story.

(3)

But ten minutes later, ②

（4点×2―8点）

①
②

5 次の(1)～(7)の対話の（　）に入る適切な語を答えなさい。　〔広島大附高〕

(1) A: (　)(　) going fishing tomorrow?
   B: Sounds good.
(2) A: Can we meet tomorrow afternoon?
   B: I'm (　) not. I will have to finish my report.
(3) A: Excuse me, when is the next train for Shinjuku?
   B: (　) five minutes.
(4) A: Why don't you have something (　)(　)?
   B: No, thanks. I'm not thirsty.
(5) A: (　)(　) are you going to stay here?
   B: I'm going to leave next month.
(6) A: I read a very interesting book yesterday.
   B: Oh, what was it (　)?

6 次の日本文に合うように，（　）内の語句を並べかえて，全文を書きなさい。

(1) ジュディは私に日本語で書かれた手紙をくれました。
   Judy gave (written, a, Japanese, letter, me, in).　〔京都—改〕
(2) 私が見つけた数冊の本のうちの1冊に，北海道はおいしいスイーツで有名とありました。
   One (I, of, found, showed, the books) that Hokkaido is famous for good sweets.　〔北海道—改〕

7 次の(1), (2)の各組のAとBとの対話が成り立つように，□に最もよくあてはまるものをそれぞれのア～エから一つ選びなさい。　〔福岡〕

(1) A: I'll go to the fireworks festival with my family this evening. Will you join us?
   B: □
   A: Great. See you this evening.
   ア I'm sorry, but I can't.　イ I have to stay at home.
   ウ Of course I will.　エ No, thank you.
(2) A: We have only five minutes before the soccer game starts, but Kumi hasn't arrived yet.
   B: Is she the girl standing at the gate now?
   A: □ That's Mariko.
   ア That's right.　イ I'm afraid she isn't.
   ウ I don't know her.　エ I agree.

8 明子のクラスでは，英語の授業で紙芝居（かみしばい）を作りました。明子は次の絵を(1)→(2)→(3)の順に見せながら英語で話をしました。【明子が話した内容】の中の ① ， ② に適当な英語を入れて完成させなさい。なお，英文は2文以上になってもかまいません。また，文末にはピリオド(.)またはクエスチョンマーク(?)をつけなさい。 〔長崎〕

(1)

【明子が話した内容】

When a little boy went to bed, ①

She said, "OK."

(2)

His mother began to read the book to the boy, and he listened to the story.

(3)

But ten minutes later, ②

（4点×2―8点）

①
②

9 次の文を英語で書きなさい。

(1) 人に伝えたくなる情報のすべてをニュースと呼んでいいでしょう。〔東大寺学園高—改〕
(2) 夜は雨だね。かさを持って行こうよ。〔久留米大附設高—改〕
(3) 君が聞いている曲の名前を教えてください。〔実践学園高—改〕
(4) 明日忘れずにこの手紙を投函してください。〔城北高〕
(5) 空港行きのバスはどこで乗ればいいですか。〔青雲高〕

(5点×5—25点)

(1)
(2)
(3)
(4)
(5)

10 次の文章は，香川県の中学生の由紀(ゆき)が，英語の授業でおこなったスピーチである。これを読んで，あとの(1)～(9)の問いに答えなさい。〔香川〕

Today I'm going to talk about my dream for the future. I want to be a tour guide and introduce Kagawa to foreign people.

I have wanted to be a tour guide ①_____ last summer. Last August, I visited Naoshima to see an art festival with my friends. There were many foreign people in Naoshima. ②彼らは古い家の写真を撮っていました。 They ③_____ really happy. I wanted to show them some other places in Kagawa, too.

When we were coming back from Naoshima, we ④(meet) three foreign students on the ferry. They were speaking a language which I didn't know, but I asked them in English, "Where are you from ?" One of them answered in English, "We are from France. We came to Japan ⑤for the _____ time. We went to Tokyo and Kyoto, and came to Naoshima today." Another student said, "Wow, look at the sunset and the shining sea. The islands and the bridge over there are beautiful, too. ⑥I think (is than sea beautiful this more) the sea in my country." I was happy because they liked our sea, and we enjoyed talking with them in English.

⑦I think English (to important study is because language an) people from different countries can share their ideas through English. ⑧_____ I will study English hard. I will also learn about the history and culture of Kagawa. ⑨In the future, (私は香川を世界中で有名にしたい) by working as a tour guide. Thank you.

注 tour guide 観光ガイド introduce 紹介する Naoshima 直島(瀬戸内海東部にある香川県に属する島)
  ferry フェリー France フランス sunset 夕焼け shining 輝いている island(s) 島

(1) ①の□内にあてはまる語は，本文の内容からみて，次のア～エのうちのどれか。最も適当なものを一つ選んで，その記号を書け。
　　ア　for　　イ　in　　ウ　since　　エ　during
(2) 下線部②の日本文を英語で書き表せ。
(3) ③の□内にあてはまる語は，次のア～エのうちのどれか。最も適当なものを一つ選んで，その記号を書け。
　　ア　saw　　イ　looked　　ウ　watched　　エ　found
(4) ④(　　)の内の meet を，最も適当な形になおして一語で書け。
(5) 下線部⑤を，「はじめて」という意味にするには，□内に，どのような語を入れたらよいか。最も適当な語を一つ書け。
(6) 下線部⑥の(　)内のすべての語を，意味が通るように，正しく並べかえて書け。
(7) 下線部⑦の(　)内のすべての語を，意味が通るように，正しく並べかえて書け。
(8) ⑧の□内にあてはまる語は，本文の内容からみて，次のア～エのうちのどれか。最も適当なものを一つ選んで，その記号を書け。
　　ア　But　　イ　When　　ウ　If　　エ　So
(9) 下線部⑨の(　)内の日本文を英語で書き表せ。

（3点×9―27点）

(1)			
(2)			
(3)	(4)	(5)	
(6)			
(7)			
(8)			
(9)			

HIGH CLASS TEST

中1~3
ハイクラステスト
英語

解答編

解答編

中学1〜3年 ハイクラステスト／英語

1・2年の復習

1 動 詞

Step A 解答　本冊 ▶ p. 2〜p. 3

1 (1) Does　(2) play　(3) come　(4) are
2 (1) swimming　(2) teaches　(3) see
　(4) studies
3 (1) like　(2) This flower　(3) American
　(4) plays
4 (1) We have an English class on Thursday.
　(2) I'm looking forward to swimming in the sea.
　(3) I want something cold.
　(4) Australia is famous for many kinds of animals.
5 (1) Here you are.〔Here it is.〕
　(2) What time is it now?
6 (1) エ　(2) ウ

解説

1 (1) 主語は三人称単数で一般動詞 like の疑問文なので，Does を使う。
(2) every day がつくときは現在の文にする。
(3) All は「みんな」という意味で複数扱い。
(4) 主語が Tom and I（複数）で，文末に now がついているので，現在進行形になる。
2 (1)〈短母音＋子音字〉で終わる語の ing 形は，swimming のように子音字を重ねて ing をつける。他に begin － beginning，cut － cutting，hit － hitting，knit － knitting，put － putting などがある。
(2) 語尾が ch の場合 es をつける。
(3) [siː]と同音の語になる。
(4)〈子音＋y〉で終わる語の複数形は y を i にして es をつける。
3 (1)「サッカーのファンです」を「サッカーが好きです」に言いかえる。
(2)「これは美しい花です」→「この花は美しい」にかえる。
(3)「アメリカ出身ですか」→「アメリカ人ですか」にか

える。
(4)「上手なピアニスト」を「上手にピアノを弾く」という文にする。
4 (1)「〜がある」という表現にする。
(2) look forward to 〜ing「〜することを期待する」
(3) something, anything につける形容詞は後ろに置く。
(4) be famous for 〜「〜で有名である」
5 (1) Here you are. は you（相手）に，Here it is. は it（もの）に視点を置く言い方。
(2) 時刻をたずねるときは What time を用いる。
6 (1) next to 〜「〜の隣に」just in front of 〜「〜の真正面に」between 〜「〜の間に」
(2) parents「両親」は大人なので1人 1200 円。エミは 14 歳なので 700 円。妹は 5 歳なので無料。
【全訳】 (1) 家族は 5 人です。夕食では母は父の隣に座ります。姉〔妹〕は母の真正面に座ります。祖母は母と姉〔妹〕の間に座ります。
（質問）私はどこに座りますか。
(2) エミは 14 歳です。両親と 5 歳の妹と動物園に行きました。
（質問）家族のチケットを買うのにいくら必要ですか。

2 助 動 詞

Step A 解答　本冊 ▶ p. 4〜p. 5

1 (1) must not　(2) will　(3) should
　(4) May　(5) can
2 (1) ア　(2) イ　(3) ア　(4) ウ　(5) エ
3 (1) will　(2) Shall　(3) number of
4 (1) Children have to go to bed early.
　(2) Would you like another cup of coffee, Harry?
5 Ⓐ I'm〔I am〕 sorry (but) I can't〔can not〕.
　Ⓑ Don't be late.〔Come on time.〕
6 ア like　イ sorry　ウ hot　エ look

解説

1 (1) must は「〜しなければならない」，must not は「〜してはいけない」という意味。

(2) will は未来のことを言うときに使う助動詞。「～するつもり」という意味。
(3) should は「～すべきである」という意味の助動詞。
(4) May は「～してもよいか」と許可を求めるときに使う。
(5) can は可能(～できる)を表す。

2 (1) 交通手段をたずねるときには How を使う。
(2) will not の短縮形は won't
(3) Can でたずねられたときは can で答える。Yes なら肯定(can)を続ける。
(4) 電話での表現。「メアリーと話せますか」→「メアリーはいますか」
(5) Shall I ～?「～しましょうか」

3 (1) be going to ＝ will
(2)「～しましょう」を「～しませんか」にする。
(3) how many は数を聞く。「～の数」は number of ～ を使う。

> **ここに注意** (3) number には「数」「数量」「番号」などの意味がある。

4 (1)「～すべきだ」は与えられた語から〈have to＋動詞の原形〉で表す。
(2)「～はいかがですか」と相手にすすめるときは、Would you like ～? の形。

5 Ⓐ I'm sorry.「残念です」「すみません」の決まり文句。
Ⓑ「時間厳守ね」を「遅れないでね」「時間通りに来てね」と言いかえると簡単な英語になる。

6 ア like「～のように」
イ「すみません」という表現を考える。I'm sorry. にする。
ウ スミスさんの国では1月が夏休みと書いてあるので、「暑い(hot)」が適当。
エ 〈Let's＋動詞〉で「～しましょう」look for ～は「～をさがす」という意味。

3 過去形

Step A 解答　　本冊 ▶ p.6～p.7

1 (1) was (2) got (3) Did (4) help (5) Was
2 (1) enjoyed (2) played (3) watched (4) cleaned (5) taught (6) left (7) Were
3 (1) Mike studied Japanese last Sunday.
(2) Judy didn't live in Canada.
(3) Did Emi have a hamburger for lunch?
(4) Was she in Hokkaido then?
(5) When did John come to Japan?
4 (1) ウ (2) ウ (3) ウ
5 (1) We had a good time on the bus.
(2) My aunt bought this bag for me.
6 (1) I took my dog for a walk.
(2) I watched the soccer game on TV.
7 カ

解説

1 (1) yesterday があるので、過去形を選ぶ。
(2)「今朝、6時に起きた」の文にする。
(3) last Sunday は過去を表す語。過去の疑問文は Did を用いる。
(4) didn't のあとは動詞は原形になる。
(5) ten minutes ago は「10分前」で、過去を表す。

2 (1) enjoy は規則動詞。
(2) play は規則動詞。
(3) watch は規則動詞。
(4) clean は規則動詞。
(5) teach の過去形は taught　不規則動詞。
(6) leave の過去形は left　不規則動詞。
(7) 主語が複数の場合、be 動詞の過去形は were

3 (1) last Sunday をつけると、過去の文になる。
(2) 一般動詞の否定では、didn't を用いる。動詞は原形になる。
(3) 過去の文の疑問文は、〈Did＋主語＋動詞の原形〉の形になる。
(4) be 動詞の含まれる疑問文は、be 動詞を主語の前に置く。
(5) 下線部は時を表す語句なので When を用いる。

4 (1) 一般動詞のある疑問文には、did(否定の場合は didn't)を用いて答える。
(2) この文の主語は your walk　答えるときは、It になる。
(3) Where は場所をたずねる疑問詞。

5 (1)「楽しく過ごす」→「楽しい時間を持つ」で表す。
(2) bought は buy の過去形。

6 (1) take ～ for a walk「～を散歩に連れて行く」
(2) on TV「テレビで」

> **❗ここに注意** (2)「テレビで〜を見る」は watch 〜 on TV のように watch（見る）という動詞を使い，look at は用いない。

7 〔全訳〕 私は先月，京都へ行きました。私はそこでたくさんの寺を訪れました。私は金閣寺が一番気に入りました。ⓒそこへ行ったとき，外国の人たちをたくさん見かけました。その人たちは写真を撮っていました。Ⓑそのなかの1人が私に金閣寺について質問しました。Ⓐ彼が私に突然，英語で話しかけてきたので驚きました。でも私は彼の質問に答えることができました。私はとてもうれしかったです。

Step B 解答　　本冊 ▶ p.8〜p.9

1 (1) enjoy　(2) got　(3) lives　(4) seeing
2 (1) have to　(2) Can, ski
　　(3) May, come in　(4) mustn't
3 (1) Open your books to page eight.
　　(2) How do you say "niji" in English?
　　(3) Who carried this chair to the classroom?
　　(4) Shall I say that again?
　　(5) What did you have for breakfast?
　　(6) I learned a lot by reading books.
4 (1) Did they have a morning meeting?
　　(2) The tourists didn't love Japanese tea.
　　(3) How long did you stay at the hotel?
　　(4) He taught English in high school last year.
5 (1) ウ　(2) イ
6 (ア) began　(イ) musician

解説

1 (1) Did や Does, Do を用いる疑問文では動詞は原形にする。
(2)「今朝，起きた」と過去の文にする。
(3) 主語が三人称単数であり，live は「住んでいる」という意味なので，lives にする。
(4) look forward to 〜 は「〜を期待する」to のあとには ing 形が続く。

2 (1)「〜しなければならない」は have to
(2)「〜することができる」は can 疑問文にするには can を文頭に出す。　(3)「〜してもよい」は may
(4)「〜してはいけない」は must not この問題では下線が1つなので，mustn't と短縮形を用いる。

3 (1) 命令文なので，動詞 Open で始める。
(2)「何と言うか」は How do you say 〜？と覚えておこう。
(3) この文の主語は「誰」つまり Who
(4)「〜しましょうか」は Shall I 〜？
(5)「朝食に」は for breakfast
(6)「多くのこと」は a lot

4 (1) 一般動詞のある文の疑問文は，文頭に Did, Does, Do を用いる。had は過去形なので Did had は原形の have にする。
(2) 一般動詞の過去形が含まれている文の否定文は〈didn't ＋動詞の原形（ここでは love）〉にする。
(3) for a week は「1週間」という期間を表している。期間をたずねるときは How long を用いる。
(4) last year は「去年」という意味で過去のことだから，teaches を過去形にする。

5 (1)「それをいただきます」
(2)「小さいのをお見せしましょうか」

6 (ア) 日本文に「歌い始めました」とある。「〜し始める」は begin to 〜　(イ)「音楽家」は musician

4 未来の表現

Step A 解答　　本冊 ▶ p.10〜p.11

1 (1) am　(2) Are　(3) will　(4) will
2 (1) イ　(2) イ　(3) ウ　(4) ア
3 (1) I am going to get up at six next Saturday.
　　(2) The train will arrive in Kyoto at three.
　　(3) Is she going to buy a watch?
　　(4) He will not come back to Japan.
　　(5) I will show you the picture tomorrow.
4 (1) He will not be busy tomorrow.
　　(2) My uncle will give me a birthday present tomorrow.
　　(3) How long will she stay at the hotel?
　　(4) Where is Goro going to meet Yoko?
　　(5) We are going to stay at a hotel.
5 (1) イ　(2) ウ
6 (1) We'll play shogi if it rains tomorrow.
　　(2) I will help you with your homework.
　　(3) What are you going to do after school today?

解説

1 (1) next Sunday「今度の日曜日」は未来を表す語句なので，be going to ～「～するつもり」にする。主語は I なので be 動詞は am

(2) tomorrow morning「明日の朝」主語が you のときの be 動詞は Are

(3) 未来のことを1語で表す助動詞は will

(4) this evening は「今日の夕方」という意味で，未来を表す。

2 (1) この do は動詞で，「する」という意味。主語は you なので，What「何」を選ぶ。

(2) 主語は Natsumi and I という複数。be 動詞は are

(3) be は原形なので，前には助動詞があるはず。ここでは will

(4) will などの助動詞のあとの動詞は原形。

3 (1) get up「起きる」

(2) arrive in ～「～に着く」

(3) She is going to ～. の疑問文は，Is she going to ～?

(4) 未来の文を否定文にするには，will のあとに not をつける。

(5)〈show +人+もの〉「人に～を見せる」

4 (1) 否定文にするには，will not にする。

(2) tomorrow は「明日」という未来を表す語なので，動詞の前に will をつける。

> **ここに注意** (2) 助動詞 (will, may, can, should など) のあとは，主語が三人称単数であっても，動詞に s をつけない。will give~~s~~

(3) for a week「1週間」と期間をたずねるときは How long を用いる。

(4) at the station「駅で」と場所をたずねるときは Where を用いる。

(5) 主語が We になると複数扱い。

5 (1) イ「何をしようか」

(2) ウ「雪玉を作ってあげるよ」

6 (1) 天気を言うときは，it を主語にする。明日のことなので未来を表す will を用いる。

(2)〈help +人+ with ～〉「(人)に～の手伝いをする」

(3) 未来の表現 be going to を用いる。

5 │ 不 定 詞

Step A 解答　本冊 ▶ p.12～p.13

1 (1) to eat　(2) to play　(3) is　(4) to play
 (5) to go

2 (1) is to travel　(2) things to do　(3) to work
 (4) something to eat　(5) went, to meet

3 (1) Where do you want to go?
 (2) She went to London to study English.
 (3) He bought a book to read in the train.
 (4) Give me something to drink.
 (5) To play the piano is a lot of fun.

4 (1) Did she begin to run on the grass?
 (2) I had nothing to do yesterday.
 (3) Mary goes to the store to buy some pieces of cake.
 (4) What do they want to see?

5 (1) イ　(2) ウ　(3) ア

6 (1) エ　(2) イ　(3) エ

解説

1 (1)〈want + to +動詞の原形〉は「～したい」という意味。

(2)〈like + to +動詞の原形〉は「～するのが好きである」という意味。

(3) 不定詞が主語になるときは「～すること」という意味で，単数扱い。

(4) to play のここでの意味は「～するために」

(5)〈want + to +動詞の原形〉は「～したい」という意味。

> **ここに注意** (1)(5) want の次には ing 形は来ない。

2 (1)「～すること」という場合は，〈to +動詞の原形〉を用いる。

(2) この to do は「するための」という意味。

(3)〈hope + to +動詞の原形〉「～することを望む」

(4)「何か食べるもの」= something to eat

(5)「行きました」= went「迎える」は meet を使う。

3 (1) want to go「行きたい」

(2) to study「勉強するために」

(3) a book to read「読むための本」

(4) something to drink「何か飲むもの」〈give +人+もの〉「(人)に～をあげる」

(5) To play the piano を主語にする。
4 (1) began は過去形なので Did she begin ~ ? にする。
(2) yesterday は「昨日」なので過去を表す。
(3) 主語が三人称単数なので現在の文では goes になる。
(4) ものをたずねるときは What を用いる。
5 (1) 名詞的用法。
(2) 形容詞的用法。
(3) 副詞的用法。
6 (1) エ「私はオーストラリアの出身です」
(2) イ「あなたはどうですか」
(3) エ「飲みものが好きです(ほしいです)」

Step B 解答　本冊 ▶ p.14~p.15

1 (1) rain　(2) will　(3) to visit　(4) to study
2 (1) to do　(2) to eat lunch　(3) What, do
(4) It'll　(5) Are, going to talk
(6) To write, English
3 (1) I don't want to be a teacher in the future.
(2) She will not [won't] be busy tomorrow morning.
(3) I will go shopping with my sister next Sunday.
(4) How long will Hiroshi stay in Paris?
(5) Who is going to visit Africa next month?
4 (1) ア　(2) ウ　(3) エ
5 (1) What do you want to do in the city?
(2) She came here to meet him.
(3) Do you have many other things to learn?
6 (1) 暗くなる前に帰ります。
(2) サブロウは川で魚を釣るのが好きです。
(3) 日本語を学ぶ一番よい方法は何ですか。

解説
1 (1) It'll = It will　will のあとに動詞の原形が続く。
(2) tomorrow「明日」なので未来表現にする。
(3) hope のあとは〈to +動詞の原形〉
(4) wish のあとは〈to +動詞の原形〉
2 (1) to do「するための」
(2) to eat lunch「昼食を食べるために」
(3) 〈What will +主語+ do〉「何をするか」
(4) 天気を表すときは,It を用いる。tomorrow「明日」のことなので,It'll を用いる。
(5) 「~するつもりです」= be going to ~

(6) 「~すること」=〈to +動詞の原形〉
3 (1) 一般動詞のある文の否定はその前に don't を置く。
(2) will の否定は will not それを短縮して won't でもよい。
(3) next Sunday「今度の日曜日」は未来のことなので,動詞の前に will を置く。
(4) for a week「1週間」期間をたずねるときは How long を文頭に置く。
(5) 主語の人物をたずねるときは Who を用いる。
4 (1) ア「気に入っていただけるとうれしいです」
(2) ウ「どういうふうに手伝いましょうか(何を手伝いましょうか)」
(3) エ「ここにお座りください」
5 (1)「町では何をしたいのですか」
(2)「彼女は彼に会いにここへ来ました」
(3)「学ぶべきことがほかにたくさんありますか」
6 (1) it gets dark「暗くなる」
(2) fish には「魚」と「(魚を)釣る」の意味がある。ここでは後者。
(3) the best way「一番よい方法」to learn「学ぶための」

6 動名詞

Step A 解答　本冊 ▶ p.16~p.17

1 (1) singing　(2) writing　(3) skiing
(4) swimming　(5) flying　(6) using
2 (1) helping　(2) learning　(3) playing
(4) reading　(5) teaching
3 (1) hearing　(2) taking pictures
(3) snowing　(4) Getting[Waking] up
(5) saying goodbye
4 (1) playing　(2) at cooking　(3) How, going
(4) Seeing, believing
5 (1) Ken stopped watching TV.
(2) Driving a car is his job.
(3) Winter is the season for skating.
(4) Excuse me for being late.
(5) It began raining again.
(6) I don't remember coming here.
(7) Her job is teaching math.
6 (1) 私は,電話をかけてくれたことに対して彼に感謝しました。

(2) 彼女は新聞を読み終わりました。
(3) ユミはデパートへ買い物に行きました。
(4) 犬と一緒に生活するのはおもしろいです。
(5) その女の子は公園でジョギングを始めました。
(6) 私たちは動物園へ行くことについて話しました。

解説
1 (2)(6) 語尾が e のときは，その e をとって ing をつける。
(4) 〈短母音＋子音〉で終わる語はその子音を重ねて ing をつける。
2 (1) for のあとは名詞または動名詞。
(2) enjoy のあとは名詞または動名詞。
(3) give up のあとは名詞または動名詞。
(4) finish「終わる」はあとに ing 形が続く。
(5) be interested in「興味がある」in のあとは名詞または動名詞(ing 形)
3 (1) look forward to「期待する，楽しみにする」to のあとは，名詞または動名詞(ing 形)
(2)「〜すること」は〈to＋動詞の原形〉または動名詞(ing 形)
(3) stop 〜ing「〜することをやめる」stop to 〜「立ち止まって〜する」
(4)「起きること」＝ to get〔wake〕up, getting〔waking〕up
(5) without「〜しないで」のあとは名詞または動名詞。
4 (1)「〜するのが好きです」は like to 〜でも like 〜ing でもよい。
(2) be good at cooking にする。be good at 〜「〜が上手である」
(3) Why don't you〔we〕〜?「〜しませんか」How about 〜「〜はどうですか」の表現を使う。意味はほぼ同じ。
(4) To see, to believe, Seeing, believing すべて「〜すること」という意味。
5 (1) stop 〜ing「〜するのをやめる」
(2) driving「運転すること」
(3) for skating「スケートをするための」
(4) Excuse me.「すみません」とそのまま覚えるとよい。
(5) 天気のことを言うときは It を使う。begin 〜ing「〜し始める」

(6) remember 〜ing「〜したのを覚えている」
(7) teaching「教えること」
6 (1)〈thank＋人＋for 〜〉「(人)に〜を感謝する」

> **ここに注意** (1) for や with, without などの前置詞のあとは不定詞〈to＋動詞の原形〉を使わずに，動名詞(ing 形)にするので注意すること。

(2) finish 〜ing「〜し終わる」
(3) go shopping「買い物に行く」
(4) together「一緒に」
(5) start 〜ing「〜し始める」jog の ing 形は jogging
(6) about のあとには(動)名詞が続く。

7 接続詞

Step A　解答　本冊 ▶ p.18〜p.19

1 (1) and　(2) but, don't　(3) or
(4) both, and
2 (1) that　(2) if　(3) when　(4) because
3 (1) Wash your hands before you eat.
(2) I watched TV after I did my homework.
(3) My sister was reading a book while I was cooking.
(4) I was very tired, so I went to bed early.
4 (1) 急ぎなさい。そうしないと電車に乗り遅れますよ。
(2) まっすぐ行ってください。そうすると店が見つかりますよ。
(3) 私はお風呂に入った後，夕食を食べます。
(4) 彼女が来るまで，私たちはここで待っていなければなりません。
(5) 病院にいる彼女を見舞いに行きましょう。
5 (1) ウ　(2) オ　(3) ア　(4) イ　(5) エ
6 (1) A lot of〔Many〕boys and girls were singing a song there.
(2) He went to France when he was young.
(3) I eat either rice or bread for breakfast.
(4) He usually gets up before the sun rises.

解説
1 (1)「A と B」＝ A and B
(2)「しかし」＝ but「好きです」＝ like「嫌いです」＝「好きではありません」と考えて，don't like にする。

7

(3)「それとも」= or
(4)「AとBの両方」= both A and B

2 (1) I think that は「〜であると思う」この that は接続詞であとに〈主語＋動詞〉が続く。
(2) if「もし〜なら」この文は「もし雨が降れば家にいるつもりです」という意味。

> **⚠ ここに注意** (2) if のあとは現在の形になるので注意。意味を考えると未来の形になるように思われるが，if it rains のようにする。

(3) when は「〜するとき」あとに〈主語＋動詞〉が続く。
(4) because「〜なので」と理由を表す語が続く。

3 (1) 〜 before —=「—する前に〜」
(2) 〜 after —=「—のあとに〜」
(3)「〜している間」= while 〜
(4) 〜, so —=「〜。だから—」

4 (1) 命令文, or 〜「…しなさい。そうでないと〜」
(2) 命令文, and 〜「…しなさい。そうすると〜」
(3) take a bath =「入浴する」
(4) until 〜=「〜まで」
(5) go and see「会いに行く」

5 (1) ウ「彼女は私の先生でした」
(2) オ「もしのどがかわいているのだったら」
(3) ア「明日，試験があるので」
(4) イ「次に私が来るとき」
(5) エ「私は13歳です」

6 (1)「多くの」は a lot of または many を使う。
(2)「とき」は when
(3)「AかBのどちらか」= either A or B「朝食に」は for breakfast
(4)「日の出前」は before the sun rises「日が昇る前」

Step B 解答　本冊 ▶ p.20〜p.21

1 (1) is (2) collecting (3) becoming
(4) Playing (5) singing (6) but

2 (1) think that (2) any, or (3) sad because
(4) when, saw (5) making mistakes
(6) for helping

3 (1) without (2) Unless you
(3) mind opening

4 (1) 1時間，雨はやみませんでした。
(2) 私は地球が丸いということを知っています。
(3) 食べ始める前に手を洗いなさい。
(4) 夜に外出することは好きではありません。
(5) 家でも学校でも辞書を使います。
(6) おじはアメリカではなく，カナダに住んでいました。
(7) 昨日レポートを書き終えました。

5 (1) hospital (2) ア (3) ウ

解説

1 (1) Learning languages は「言語を学ぶこと」という意味で主語になっている。動名詞(ing 形)は単数扱い。be 動詞は is になる。
(2) be interested in 〜「〜に興味がある」in のあとは名詞または動名詞が続く。
(3) of のように前置詞のあとは，名詞または動名詞。
(4) Playing soccer は「サッカーをすること」という意味の主語。
(5) enjoy 〜ing で「〜することを楽しむ」
(6)「リョウはコンピューターを使おうとしたが，父が使っていた」という意味。

2 (1)「〜だと思う」は I think that 〜
(2)「きょうだい」は brothers and sisters
(3)「悲しい」= sad
(4)「〜のとき」= when。be surprised「驚く」
(5)「〜をおそれる」= be afraid of 〜「まちがえる」は make mistakes になる。
(6) for のあとは名詞または動名詞。

> **⚠ ここに注意** (6) Thank you for helping me. のように，for のあとは動名詞(ing 形)が来る。不定詞〈to ＋動詞の原形〉は来ない。

3 (1)「〜なしに」の形にする。
(2)「〜しなければ」という意味の Unless を用いる。
(3) mind 〜 ing を用いる。元々は「〜すると気になりますか」という意味。

4 (1) stop 〜ing「〜することをやめる」ここでは「雨がやむ」
(2) I know that 〜「〜だということを知っている」earth「地球」には the をつける。
(3) start to eat「食べ始める」
(4) go out「外出する」at night「夜に」
(5) at home「家で」at school「学校で」
(6) not 〜 but ...「〜でなく…」← 「〜ではない，しか

し…」 (7) finish ～ing「～し終える」
5 (1) see a doctor「診察してもらう」「病気になったとき」に行くのは病院(hospital)
(2) ア「ノートを3冊買ってきてくれませんか」
(3)【全訳】 これは最も重要な学校行事の1つです。私たちの学校では,毎年,この行事を行います。先生方の話を注意深く聞いたあと,校舎を歩いて出て,そのあと運動場まで走って行きます。それから先生方や,この行事の手伝いをしてくれた人々が,その重要性について話してくれます。彼らから,何かが突然起こったときに,安全にする方法を学びます。

8 比較表現

Step A 解答　本冊 ▶ p.22～p.23

1 (1) larger　(2) highest　(3) more interesting
　(4) most popular
2 (1) younger　(2) easier
　(3) better〔more〕, any　(4) as〔so〕 fast
3 (1) Which do you like better, coffee or tea?
　(2) It is much colder today than yesterday.
　(3) The Shinano River is the longest river in Japan.
　(4) She spoke more slowly than her sister.
　(5) Australia is as large as America.
4 (1) ウ　(2) イ　(3) ア　(4) オ　(5) エ
5 (1) アンは私の親友です。
　(2) テニスは彼女の好きなスポーツのうちの1つです。
　(3) 私は母と同じくらい上手に料理をすることができます。
　(4) 彼らは5年以上の間,ニューヨークに住んでいました。
　(5) 日本で一番大きいホールは何ですか。
　(6) この辞書にはあの辞書より多くの語が含まれています。
6 (1) It is one of the oldest temples in Japan.
　(2) She is much younger than Ms. Okada.
　(3) Reading books is as important as studying.
　(4) This bike is more expensive than that bike〔one〕.
　(5) I think Himeji Castle is the most beautiful castle in Japan.

解説

1 (1) large － larger － largest と変化する。あとに than「～より」があるので,比較級にする。
(2) high － higher － highest と変化する。あとに in Japan「日本で」とあるので,最上級にする。
(3) つづりの長い形容詞の比較級は,その語の前に more をつける。interesting － more interesting － the most interesting のようにする。
(4) あとに of the three「3つのうち」があるので最上級にする。popular － more popular － the most popular になる。
2 (1) A is older than B = B is younger than A
(2) difficult の反意語は easy easy － easier －easiest
(3)「一番～」は,「ほかのものより～」と言いかえることができる。PE は「体育」という意味。「ほかの～」は any other ～ にする。
(4)「A は B より速く走ることができる」は「B は A ほど(B は A と同じくらい)速く走れない」とする。
3 (1)「コーヒーと紅茶」の2つのものを比べて「どちらのほうが」とたずねているので比較級になる。Which do you like better〔more〕, A or B? を覚えておこう。
(2) 比較級(ここでは colder)を強めるときは,much を使う。

> **ここに注意** (2) 比較級を強めて,「～よりずっと―」と言いたいときは,その語の前に much をつける。very は使わないので注意。

(3) 川の名前の前には the をつける。
(4) 語尾に ly のつく副詞(ここでは slowly)の比較級はその語の前に more をつける。「～よりゆっくり―」は ― more slowly than ～ となる。
(5)「同じくらい～だ」は as ～ as とする。
4 (1)「姫路城はすべてのうちで一番美しいと思いますか」に対する答えは,ウ「はい,思います」
(2)「誰が一番早く,そこへ行ったのですか」に対する答えは,イ「ジョンです」
(3)「サッカーはこの市で一番人気のあるスポーツですか」に対する答えは,ア「いいえ,ちがいます」
(4)「これとあれとでは,どちらのかばんのほうが安いですか」に対する答えは,オ「このかばんです」

(5)「いつ(どれ)が一番好きですか。春,夏,秋,それとも冬ですか」に対する答えは,エ「夏が一番好きです」

5 (1) best friend「親友」
(2)〈one of ＋複数名詞〉「～の１つ」
(3) as well as ～「～と同じくらい上手に」
(4) more than five years「５年以上」
(5) in Japan「日本で」があるので,最上級を用いる。hall は「会館,ホール」
(6) more は many の比較級。

6 (1)「～の１つです」は〈one of ＋複数名詞〉「最古の寺」は the oldest temple
(2) 比較級を強めるときは much を用いる。
(3)「同じくらい～」は as ～ as「勉強すること」は studying
(4) expensive は長い単語(別の言い方をすると,「３音節以上の単語」)なので,比較級は前に more をつける。
(5) beautiful の最上級は前に the most をつける。

9 | there is/are ～, SVOO, 接続詞 that

Step A 解答   本冊 ▶ p.24～p.25

1 (1) is (2) Is (3) two desks (4) are (5) are
2 (1) Is there a vase on the table?
(2) Are there any restaurants in the town?
(3) There isn't a cat on the bed.
(4) There were some stores near the station last year.
3 (1) Mr. Oka teaches us Japanese history.
(2) I think that she is right.
(3) Please pass me the salt.
(4) There was an accident here yesterday.
(5) Did you know he was sick?
4 (1) 明日はよい天気であればいいと思います。
(2) おじは私に時計を買ってくれました。
(3) グラスに水がありますか。
(4) 私たちの町に駅はありません。
5 (1) オ (2) ア (3) エ (4) ク (5) カ
6 (1) ウ (2) ア (3) イ
7 (1) Kazuo showed us some pictures.
(2) Are there any books on Nara?
(3) Will you tell me the way to the zoo?

解説

1 (1) a guitar は単数なので,There is ～.
(2) There is ～.の疑問文は,Is there ～?
(3) There are の次には複数の名詞(ここでは two desks)が来る。
(4) a lot of people「多くの人々」は複数なので,There are ～.となる。
(5) 数をたずねるときは,〈How many ＋複数名詞＋ are there ～?〉の形になる。

2 (1) There is ～.の疑問文は,There と is を入れかえて,Is there ～?にする。
(2) There are ～.の疑問文は,There と are を入れかえて Are there ～?にする。ただし,some「いくつかの」は疑問文では,any にかわる。
(3) There is ～.の否定文は,is のあとに not をつける。
(4) last year「去年」は過去のことを表す語句なので,are を過去形の were にする。

3 (1)〈teach ＋人＋もの〉で,「(人)に～を教える」という意味。
(2) I think that ～.で「私は～だと思う」という意味。
(3) pass は「渡す」〈pass ＋人＋もの〉で,「(人)に～を渡す」という意味。
(4) There was ～.「～がありました」
(5) You know that ～.「～だということを知っています」という意味。ここは Did があるので過去の文。

4 (1) I hope (that) ～.は「～であることを望む」という意味。
(2) buy － bought － bought と変化する。〈buy ＋人＋もの〉は「(人)に～を買ってあげる」という意味。
(3) some water「いくらかの水」は疑問文では any water になる。

> **⚠ ここに注意** (3) some「いくつかの,いくらかの」は疑問文や否定文では any になる。ただし,Would you like some cookies?「クッキーはいかがですか」のように相手の人にものを勧めるときは,some のままにする。

(4) There is ～.の否定は There isn't ～.

5 (1)「誰があなたに花をあげたのですか」に対する答えはオ 「私の姉〔妹〕です」
(2)「彼はテニスが上手な選手だと思いますか」に対する答えはア 「はい,思います」
(3)「あなたの市にはお寺がいくつかありますか」に対

する答えはエ 「いいえ，ありません」
(4)「あなたは友だちに何を送ったのですか」に対する答えはク 「カメラです」
(5)「図書館には男の子が何人いますか」に対する答えはカ 「15人います」

6 (1)「1年は12ヶ月あります」という意味の文にする。month は「月」
(2)「カナダは日本より広いということを知っています」という意味の文にする。
(3)「日本では8月は一番暑い月だと思います」という意味の文にする。

7 (1)「(人)に〜を見せる」は〈show ＋人＋もの〉の形になる。人が代名詞の場合は目的格になる。ここでは「私たち」なので us
(2)「関する」は on
(3)「道を教えてください」の決まった言い方は Will you tell me the way to 〜 ?

Step B 解答   本冊 ▶ p.26〜p.27

1 (1) taught (2) are (3) the best (4) me
  (5) dogs (6) More

2 (1) Is there a book about the picture?
  (2) Shall I show you a bigger bag?
  (3) This book is the most interesting this year.

3 (1) There is, on (2) the most difficult of
  (3) as white as snow (4) don't think, will rain
  (5) told them, story of
  (6) three years younger (7) Who showed you

4 (1) アメリカの技術は日本の技術と同じくらいよいと彼は思っています。
  (2) 先生はサトシが海岸を清掃しているとは知りませんでした。
  (3) その町にはほかにも多くのおいしい食べ物があります。
  (4) 日本庭園へはどの道を行くのが一番いいですか。
  (5) サッカーは私にとって最もわくわくするスポーツです。
  (6) その部屋にはたくさんの人がいました。
  (7) 私は妹にかわいい人形をあげました。

5 which bus goes to the

6 (1) John thought that he wanted to climb Mt. Fuji, too.
  (2) I'll ask you more questions next time.
  (3) There are more than 5,000 high schools in Japan.
  (4) Is there a post office in this city?

解説

1 (1) teach － taught － taught と変化する。last year「去年」がついているので，過去形を選ぶ。
(2) gestures と複数になっているので be 動詞は are を選ぶ。
(3)「一番好き」というときの「一番」は the best
(4) 動詞（ここでは tell）のあとは目的格になる。
(5) a lot of 〜は「たくさんの〜」という意味なので，そのあとの名詞は複数形。hearing dog は「聴導犬」
(6) あとに than in 1989 があるので，比較級を選ぶ。

2 (1) There is 〜. の疑問文は Is there 〜？
(2)〈show ＋人＋もの〉は「(人)に〜をみせる」
(3)「一番おもしろい」は the most interesting

3 (1)「〜がある」は There is〔are〕〜．「壁に」は on the wall
(2)「〜のうちで」は of 〜 を使う。「一番難しい」は the most difficult
(3)〈as ＋原級＋ as 〜〉「〜と同じくらい―」
(4) I think that 〜． の否定文は，I don't think that 〜．
(5)〈tell ＋人＋もの〉で，「(人)に〜の話をする」という意味。
(6)「3つ年下」は three years younger と覚えよう。
(7)「(人)に〜を教える」は〈show ＋人＋もの〉の形を用いる。

4 (1) as good as 〜「〜と同じくらいよい」technology は「科学技術」
(2) beach「海岸」

> **ここに注意** (2)〈主語＋ know ＋ that 〜〉や〈主語＋ think ＋ that 〜〉などの文では，that がよく省略されるので注意。

(3)「ほかの多くの〜」は，many other 〜。other を置く位置に注意すること。
(4) way「道」the best way to 〜 は「〜へ行く一番よい道」と訳すとよい。
(5) exciting は「興奮する，わくわくする」最上級は前

に the most をつける。
(6) a lot of「たくさん」
(7)〈give ＋人＋もの〉「(人)に～をあげる」

5 「どのバスが美術館へ行きますか」という意味の文にする。

6 (1)「～したい」は want to ～「思いました」は thought。wanted と過去形になることに注意。
(2)「もっと多くの質問」は more questions「質問をする」は，ask を用いる。
(3)「5,000 以上」は more than 5,000（アルファベットで書く場合は，five thousand）
(4)「郵便局」は a post office

3年

1．受け身形 (1)

Step A　解答　本冊 ▶ p. 28〜p. 29

1 (1) found, found　(2) knew, known
(3) put, put　(4) saw, seen
(5) ate, eaten　(6) began, begun

2 (1) him　(2) loved　(3) were　(4) wasn't
(5) Was

3 (1) ウ　(2) カ　(3) ア　(4) エ　(5) ク

4 (1) Was John invited to Emi's birthday party?
(2) The temple isn't visited by many students.
(3) How many old books are sold on the website?
(4) Is the song loved by many people?
(5) Yuji washed the car.

5 (1) アンはおじに時計をもらった。
(2) ケンタロウはみんなから「ケン」と呼ばれています。

6 (1) This picture was taken by my mother last week.
(2) The game is always played in the morning.

7 (1) The concert wasn't held last year.
(2) Is Japanese used in many countries?

解説

1 (1)〜(6)は不規則動詞。

2 (1) 前置詞のあとは目的格を使う。
(2)「音楽」は「愛される」ので，受け身形の文。〈be 動詞＋過去分詞〉の形。

(3) 過去の受け身形は〈was〔were〕＋過去分詞〉の形。
(4) 受け身形の否定文は〈be 動詞＋ not ＋過去分詞〉の形。
(5) 受け身形の疑問文なので be 動詞で始める。

3 (1), (2), (4) 主語と be 動詞が対応するものを選ぶ。
(3), (5) 主語が疑問詞（疑問詞で始まる語句）の文。ふつうの文では do〔does，did〕，受け身形の文では be 動詞を使って答える。

> **ここに注意**　(5) 答えの文は，English is spoken there. の spoken 以下が省略された形。

4 (1) was を主語（John）の前に置く。
(2) is のすぐあとに not を置く。
(3)〈how many ＋名詞の複数形〉を主語にした文。
(4) the song を主語にして「その歌は多くの人に愛されていますか」の文にする。
(5) Yuji を主語にして「ユウジはその車を洗いました」の文にする。

5 (1) was given は「もらった」という意味。
(2) be called ～「～と呼ばれる」

6 (1)〈be 動詞＋過去分詞＋ by ＋人〉の順。
(2) always を文中に置くときは，be 動詞のあと。

7 (1) hold － held － held
(2) 受け身形の疑問文は〈be 動詞＋主語＋過去分詞 ～?〉の形。

Step B　解答　本冊 ▶ p. 30〜p. 31

1 (1) written　(2) was spoken　(3) were said
(4) kept

2 (1) encouraged　(2) held　(3) known
(4) broken

3 (1) are seen along
(2) How was, made
(3) was given to　(4) What was, called

4 (1) A *furoshiki* was put on the table by my host mother.
(2) They sell beautiful medals at that store.
(3) When was this ship built (by them)?
(4) Why was Mr. Smith invited to dinner by the family?

5 (1) were, taken
(2) good speech was made

6 (1) *Harry Potter* is read by many people all

over the world.
(2) The bird is made of a piece of paper.
(3) You felt you were needed by other people, didn't you?
(4) We were taught music by him last year.

7 (解答例) For me, reading books is more important than playing sports. I'm interested in novels. I like Natsume Soseki the best. I want to be a novelist in the future. I think that it is necessary to read many books to learn a lot of things.

解説

1 (1) 受け身形の文なので〈be 動詞＋過去分詞〉の形。
(2) 「先日，見知らぬ人に話しかけられた」という意味の文にする。
(3) by Mr. Brown「ブラウンさんによって」という語句があるので受け身形にする。
(4) keep ～ clean「～をきれいに保つ」

2 (1) 規則動詞の過去分詞は，過去形と同様に語尾に(e)dをつける。
(2) hold － held － held
(3) know － knew － known
(4) break － broke － broken

3 (1) 受け身形は〈be 動詞＋過去分詞〉の形。
(2) 受け身形の疑問文〈be 動詞＋主語＋過去分詞～?〉
(3) 〈give ＋もの＋ to ＋人〉の受け身形。

⚠ ここに注意 (3) given for me とは言わない。to が正しい。

(4) 疑問詞は What を使う。

4 (1) 目的語(furoshiki)を主語にする。主語は単数，過去の文なので was put とする。my host mother は by のあとに続ける。
(2) 店の人をさす They を主語として補う。
(3) they が一般的な人々をさし，特に示す必要がない場合は by them を省略する。
(4) 目的語の Mr. Smith を主語にする。Why のあとは疑問文の語順。

5 (1) 「これらの写真はどこで撮られましたか」という意味の受け身形の文にする。
(2) make a good speech で「よいスピーチをする」という意味。a good speech を主語にした受け身形の文にする。

6 (1) 〈be 動詞＋過去分詞＋ by ＋人〉の形。
(2) be made of ～ で「～でできている」という意味。a piece of paper は「1 枚の紙」
(3) felt のあとに that を補って考えるとよい。
(4) He taught us music last year. の受け身形。music の位置に注意。

7 「なぜ重要なのか」「将来なりたいもの」「今，頑張っていること」などを書くとよい。

2．受け身形(2)

Step A 解答　本冊 ▶ p.32～p.33

1 (1) at (2) with (3) in (4) after (5) from (6) of

2 (1) killed (2) are taught (3) be (4) be sent for (5) is (6) will be

3 (1) When was Himeji Castle built?
(2) He is usually called Mike by people.
(3) I was born on July 5.
(4) What is he interested in?
(5) The dog was looked after by the chirdren.
(6) A lot of people from all over the world visit Horyu Temple.

4 (1) 先生はいつ質問されましたか。
(2) 2 名の選手がけがをして保健室に連れて行かれました。
(3) お茶を飲むときは湯飲みが使われています。

5 (1) The kitchen was filled with smoke when he came in.
(2) We weren't surprised at the news.
(3) A lot of pictures were taken there.

6 (1) Everything is written in English in the country.
(2) Who was invited to the party?

解説

1 (1) be excited at ～ 「～にわくわくする」
(2) be covered with ～ 「～におおわれている」
(3) be interested in ～ 「～に興味を持つ」
(4) look after ～ 「～の世話をする」
(5) be made from ＋原料「～でできている」
(6) be made of ＋材料「～でできている」

> **ここに注意** (5)(6)日本語では「〜でできている」でも，原料を言いたいときは from 〜，材料を言いたいときは of 〜 になる。

2 (1)「亡くなる」は be killed になる。
(2)「教えられる」は be taught。teach － taught － taught と変化する。
(3)〈助動詞＋ be ＋過去分詞〉の形。
(4)「医者を呼びにやる」は send for なので，受け身形では be sent for となり for が必要。
(5) Which language「どの言語」は単数扱い。
(6)未来のことを表すので，〈will be ＋過去分詞〉の形を使う。

3 (1) in 1346 は時を表す。時をたずねる場合は When を用いる。
(2) usually は be 動詞と過去分詞の間に置く。
(3) born は bear「産む」の過去分詞。「生まれる」＝ be born
(4)「何に興味があるのか」とたずねる文にする。
(5) look after で「世話をする」という意味なので，受け身形の文でも after が必要。
(6) a lot of people を主語，Horyu Temple を目的語にする。a lot of people は複数なので，動詞の語尾に s はつけない。

4 (1) ask a question は「質問をする」
(2) be injured「けがをする」
(3) is used で「使われる」という意味。

5 (1)「〜でいっぱいである」＝ be filled with 〜
(2)「〜に驚く」＝ be surprised at 〜
(3)「写真を撮る」＝ take a picture「たくさんの写真」は a lot of pictures

6 (1)「英語で」＝ in English。write － wrote － written と変化する。
(2)「誰(Who)」が主語になる。be 動詞は過去形。

Step B 解答　本冊 ▶ p.34〜p.35

1 (1) been used　(2) be　(3) spoken
　(4) laughed at　(5) in
2 (1) will be held　(2) is married to
　(3) were killed in　(4) isn't interested in
3 (1) A dog was run over by a car.
　(2) You will be shown〔showed〕the way by the guide.
　(3) Your room must be kept clean.
　(4) Where was the cat found?
　(5) Who was the picture painted by?
　(6) The store will be closed at 8 p.m. tomorrow.
4 (1) The rabbit may be found in this park.
　(2) I was born in Japan, but I was raised in Australia.
　(3) If it's rainy next Sunday, the game will be put off.
　(4) What was played by the music club?
5 (1) ア My money was stolen in a crowded train, so I made a call to the police station.
　(2) ウ Ken is so healthy that he has not caught a cold this winter.
　(3) イ He doesn't want anyone to know that he is going to the place.
6 (解答例)〔Hello, everyone.〕Welcome to our school. We are very glad to meet you. Tennis is popular in your country. It is also popular in Japan. Let's play tennis together. Japanese food is delicious. We'll take you to a famous restaurant.

解説

1 (1)現在完了の受け身形なので，been used を選ぶ。
(2)助動詞(ここでは can)のすぐあとは動詞の原形。
(3) to のあとには目的語がないので受け身形の文だとわかる。
(4) laugh at 〜 で「〜を笑う」なので，受け身形でも at が必要。
(5) in ink「インクで」by のあとに続くのは動作主。

2 (1)未来のことなので〈will be ＋過去分詞〉の形になる。
(2)「〜と結婚している」＝ be married to 〜
(3)「事故で亡くなる」は，be killed in the accident と覚えておこう。
(4)「〜に興味がある」＝ be interested in 〜

3 (1) run over で「ひく」という意味なので，受け身形にしても over を忘れないこと。
(2)未来の文の受け身形は〈will be ＋過去分詞〉の形になる。

> **ここに注意** (2) will や can, must, may, should などの助動詞のあとは動詞の原形が来るので，be 動詞なら be になることを覚えておく。

(3) 〈keep ＋名詞＋形容詞〔副詞〕〉で「～を(…の状態に)保つ」という意味。keep ～ clean は「～をきれいにしておく」

(4) under the car は「車の下で」という意味なので，場所をたずねることになる。場所は Where を使ってたずねる。

(5) his father は「彼の父」という意味。人をたずねる場合は Who を用いる。

(6) tomorrow「明日」は未来を表す。従って will を用いて，will be closed となる。

4 (1) may は「かもしれない」という意味。受け身形は may be found

(2) be born「生まれる」be raised「育てられる」

(3) 未来のことを表すので，〈will be ＋過去分詞〉の順。put off ～は「～を延期する」

(4) What は「何」という意味で，ここでは主語になっている。

5 (1)「お金を盗まれた」は My money was stolen. ＝ Someone stole my money.＝ I had my money stolen. (2)「かぜをひく」= catch (a) cold

(3) 〈want ＋人＋ to ～〉は「(人)に～してほしい」という意味。

6 まず，Welcome to ～.「～へようこそ」などと歓迎のことばを述べる。We are glad to ～「～してうれしい」や「何かわからないことがあれば遠慮なくたずねてね」とか「あなたの国のことも教えてください」などと言うとよいだろう。

3. 現 在 分 詞

Step A 解答 本冊 ▶ p.36～p.37

1 (1) taking (2) singing (3) dancing
(4) working (5) staying

2 (1) running student (2) person talking to
(3) am going to (4) What, doing
(5) went fishing

3 (1) The baby kept crying all night.
(2) The girl playing the piano on the stage is my sister.
(3) Do you know the boy riding the bike?

4 (1) あの燃えている家の中には誰もいませんでした。
(2) 彼は生き字引です。〔彼は歩く辞典です。〕
(3) 湖へスケートに行こう。
(4) 地球上に生きている最も大きな動物は象です。
(5) 向こうに立っている少年は誰ですか。
(6) 彼女は眠っている猫の絵を描いています。

5 (1) dog lying on (2) went shopping

6 (1) There are three girls in the waiting room.
(2) He was talking on the phone a few minutes ago.

解説

1 (1) take「持っていく」〈be ＋～ing〉は進行形。〈be ＋過去分詞〉は受け身形。意味上，ここでは進行形になる。

(2) 〈名詞＋～ing〉は「～している(もの，人)」という意味。

> **ここに注意** (2) singing bird「歌っている鳥」のように現在分詞1語で修飾するときは，名詞の前に置く。複数の語句で修飾するときは，後ろに置く。

(3) on the street「路上で」
(4) working women「働く女性」
(5)「ロンドンに滞在している友だちが，手紙を送ってきてくれました」の文にする。

2 (1) running を student の前に置く。
(2) talking to him というように複数の語で修飾するので person のあとに置く。
(3)「～するつもりです」=〈be going to ＋動詞の原形〉
(4) 現在進行形の文。
(5)「釣りに行く」= go fishing

3 (1) kept は keep「～し続ける」の過去形。keep crying は「泣き続ける」
(2)「弾いている」= playing 複数の語で修飾するので，名詞(ここでは The girl)のあとに置く。
(3) ride a bike「自転車に乗る」

4 (1) No one「誰も～ない」burning は burn「燃える」の現在分詞。

(2) walking dictionary「歩く辞典」とは「生き字引」のこと。
(3) go skating「スケートに行く」
(4) living on earth が前の The largest animal を修飾する。
(5) standing over there が前の the boy を修飾する。
(6) sleeping が後ろの猫を修飾する。
5 (1) 現在分詞を使って，「ソファに横たわっている犬はあなたのですか」の文にする。
(2)「〜へ買い物に行く」= go shopping in 〜
6 (1)「待合室」= the waiting room
(2)「電話で話をする」= talk on the phone

Step B 解答 本冊 ▶ p.38〜p.39

1 (1) looking (2) developing (3) leaving
  (4) running (5) lying
2 (1) working (2) to go
3 ① April ② August
4 (1) woman speaking (2) living in
  (3) saw, crossing (4) with, on
5 (1) People working in the building turned off the lights to see the stars.
  (2) We have reading time before class from 8:20 to 8:30.
  (3) This year, she's planning to go on a trip in October.
6 (1) Why don't you go shopping with me?
  (2) The girl drinking water under the tree is Sally.
  (3) Did you see a boy wearing a blue T-shirt around here?
7 (解答例) Wait a minute. I'll stop washing Rocky. I'll help you to carry the boxes with Sam. Where are you taking them?

解説
1 (1) look forward to 〜「〜を期待する」
(2) developing country は「発展途上国」
(3) I'm leaving は現在進行形の形をとっているが，未来のことを言う場合に使う。
(4) vehicle「車，乗りもの」highway「幹線道路」
(5) 〈see ＋人＋〜ing〉「(人)が〜しているのを見る」
2 (1)「働いている」という意味の working にかえる。
(2)「行くための」という意味の to go にかえる。

3 ①②「Aで始まる月名は何ですか」という問いに対する答えを考える。②には夏祭りのある月名を入れる。
4 (1) speaking を使って，「フランス語を話しているあの女性」の語句を作る。
(2) living in this area が These people を修飾している。
(3) 〈see ＋人＋〜ing〉「(人)が〜しているのを見る」
(4) 〈with ＋もの＋ on〉「〜を身につけた」
5 (1)「建物の中で働いている人々が，星を見るために明かりを消しました」という意味の文にする。
(2)「8時20分から8時30分の間に授業前の読書時間があります」という意味の文にする。
(3)「今年は10月に，彼女は旅行に行く計画を立てています」という意味の文にする。
6 (1)「〜しませんか」= Why don't you 〜?

> **ここに注意** (1) Why don't you 〜? は「なぜ，〜しないの」という意味もあるので，状況を判断して，「〜しませんか」のほうがよいか考えてみよう。

(2) drinking water under the tree が前の The girl を修飾する。
(3)「〜を着ている」= wearing
7 ジャックが犬のロッキーの体を洗っている。あとで手伝うのか，それとも今は手伝えないと言うのか，考えて易しい英語で返事するとよい。

4．過去分詞

Step A 解答 本冊 ▶ p.40〜p.41

1 (1) walking (2) broken (3) holding
  (4) published (5) boiled
2 (1) written by (2) Are, interested in
  (3) language spoken (4) sent from
  (5) the bag found
3 (1) 父はイギリス製の車を持っています。
  (2) ちょっと前にケビンという名前の人から電話がありましたよ。
  (3) 彼の兄は昨日，中古車を買いました。
  (4) その子どもに割られた花びんは高価でした。
  (5) ローマは1日にして成らず。〔ローマは1日ではつくられませんでした。〕
4 (1) The top of Mt. Fuji is covered with

snow.
(2) This *yukata* was given to me by my aunt.
(3) *Karate* is a sport practiced with bare hands and feet.
(4) My grandfather is a doctor known to everyone in the village.

5 (1) This is a picture painted by Picasso.
(2) We gathered a lot of fallen leaves.
(3) The cakes baked by Yumi were sold out.
(4) The vegetables planted by my father are growing well.

解説

1 (1)「屋根の上を歩いている男の人」という表現にする。「～している」は現在分詞 ～ing を使う。
(2)「壊れた自転車」にする。「～された，～されている」は過去分詞を使う。break － broke － broken と変化する。
(3)「～している」は現在進行形〈be ＋～ing〉
(4)「出版された」は published という過去分詞。
(5) boiled egg は「ゆで卵」

ここに注意 (1)～(5)現在分詞にするか過去分詞にするかは，「自らするか」あるいは「されるのか」によって決める。日本語の訳にこだわらないこと。

2 (1)「書かれた」は written。write － wrote － written と変化する。
(2)「～に興味がある」＝ be interested in ～
(3)「話されている」＝ spoken。speak － spoke － spoken と変化する。
(4)「送られる」＝ sent。send － sent － sent と変化する。
(5)「発見された」＝ found。find － found － found と変化する。

3 (1) made in England ＝「イギリスで造られた，イギリス製」make － made － made と変化する。
(2) named ＝「名づけられた，～という名前の」
(3) used car ＝「中古車」used は「使われた」という意味。
(4) broken ＝「壊された」
(5)「ローマは1日にして成らず」ということわざ。build － built － built と変化する。

4 (1)「～でおおわれている」＝ be covered with ～
(2)「くれた」＝ was given
(3)「素手」＝ bare hands
(4)「～に知られている」＝ be known to ～。know － knew － known と変化する。

5 (1)「描かれた」＝ painted
(2)「葉」＝ leaf。leaf の複数形は leaves「落ち葉」は fallen leaf
(3)「売り切れる」＝ be sold out
(4)「よく育つ」＝ grow well

Step B 解答 本冊 ▶ p.42～p.43

1 (1) excited (2) was built (3) held
(4) living (5) given

2 (1) park called (2) were moved
(3) made by (4) taken to, by (5) filled with

3 (1) taken by (2) made (3) what, is called
(4) were drawn (5) had〔got〕, stolen

4 (1) Keiko gave Tom some flowers made of Japanese paper yesterday.
(2) The scenery seen from the top of the mountain is changing every hour.
(3) You had better not eat the fish caught in the river.
(4) I want to be called Ann.

5 (1) That shop is famous for selling bikes made in France.
(2) He was sitting with his legs crossed.

6 (解答例) My treasure is a pen. My uncle gave it to me as a birthday present. I use it to keep a diary.

解説

1 (1) excited ＝「興奮した」

ここに注意 (1)「(人)が興奮した」は be excited「興奮する試合」は exciting game になる。

(2)〈主語＋ be ＋過去分詞〉「～はされる」という受け身形。〈名詞＋過去分詞〉「～された(名詞)」という意味。
(3) was held「開かれた」
(4) living「生きている，生活している」

(5)「あれは，3度目の誕生日にジムおじさんによって彼女へ与えられたお気に入りの人形です」
2 (1)「呼ばれる」= called
(2)「感動した」= were moved
(3)「あなたのお母さんが作ったケーキですか」は，「あなたのお母さんによって作られたケーキですか」と考える。
(4)「持っていった陶器」は「持っていかれた陶器」と考える。
(5)「～で満たされた」= filled with ～
3 (1)過去分詞 taken を使って，「これらはケンによってイングランドで撮影された写真です」の文にする。
(2) iron「鉄製の，鉄」
(3)「この野菜は何と呼ばれているか知っていますか」の文にする。
(4)「これらのヨウコの絵は2年前にマサオによって描かれました」という意味の文にする。draw － drew － drawn と変化する。
(5) 〈have〔get〕+もの+過去分詞〉「～を―される」
4 (1)「～でできた」= made of ～。give － gave － given と変化する。
(2)「山頂」= the top of the mountain
(3)「～しないほうがよい」= had better not
(4)「呼ばれたい」= want to be called
5 (1)「～することで有名である」= be famous for ～ing「フランス製の自転車」= bikes made in France
(2)「脚を組んで」を「脚が組まれた状態で」with one's legs crossed と考える。
6 「その宝物がなぜ大切なのか」とか「どういうふうにして手に入れたのか」「今はどうしているのか」などを書くとよい。

Step C 解答 本冊 ▶ p.44～p.45

1 (1)イ (2)ウ (3)エ
2 (1) born on (2) taken (3) reason for
3 (1) Who is that boy playing baseball over there?
(2) Do you know what language is spoken in Canada?
(3) The rising sun seen from the top of Mt. Fuji is beautiful.

4 (1) France is a country lying between Germany and Spain.
(2) Ken was told to go on a business trip to Kobe tomorrow.
5 (1) want to eat something new and
(2) looking for
(3) They wanted Makemake to send more birds to eat.
(4) ア
(5) 鳥を増やすには卵がかえって大きくなるのを待たなければならない。
(6) ① egg〔bird〕 ② bird〔egg〕

解説
1 (1) those students are playing now が前の主語(The game)を修飾している。The game は単数なので三単現の s が必要。
(2)「14世紀に建てられた寺院」は a temple built in the 14th century
(3)「ケンはアメリカ人の少女に話しかけられた」という意味の文にする。「～に話しかける」は speak to ～なので，to を忘れないこと。
2 (1)「生まれる」= be born
(2) must take care of ～「～の世話をしなければならない」→ care must be taken of ～「～の世話がされなければならない」
(3) reason for ～ing「～する理由」
3 (1) playing は boy を後ろから修飾する。
(2) what 以下は間接疑問。know の目的語になっている。
(3) rising は 1 語なので前から，seen は語句をともなうので後ろから sun を修飾する。
4 (1)「位置する」は lie。ing 形は lying になる。
(2)「～するように言われた」は was told to do「出張で～に行く」は go on a business trip to ～

> **ここに注意** (2)「～するように言う」は〈tell +人+ to do〉

5 (1) 形容詞は ～ thing のあとに置く。
(2) look for ～「～をさがす」
(3)「(人)に～してもらいたい」は〈want +人+ to ～〉
(4)「どのように」は how
(5) 下線部の前にその内容が書かれている。

(6) 下線部の前の they ate them all. の them は鳥と卵をさす。

〔全訳〕 昔, マテベリという島がありました。それは海に浮かぶ小さな島で, 食べ物はほとんどありませんでした。人々は魚を食べましたが, 十分ではありませんでした。彼らはもっと多くの食べ物を得ようとよくお互いに争いました。人々はいつも考えていました。「新鮮でおいしいものを食べたい！」

マテベリ島では, 1人の女性が海の近くの洞窟に住んでいました。名前をラローナといいました。彼女は古い頭がい骨を持っていました。彼女はいつも言っていました。「私はこの頭がい骨が大好きなんです。これはいつか人々に幸せをもたらすと思います」

ある日, 大嵐になりました。波はどんどん高くなり洞窟の中に入ってきました。頭がい骨は流れていってしまいました。「待って！ 行かないで！」ラローナも海に入っていきました。彼女は速く泳いで, それをつかまえようとしました。頭がい骨を追って, 泳ぎ続けました。しかし, 頭がい骨も速く動きました。長時間の後, マティロヒバという別の島の海岸に到着しました。ラローナはとても疲れていたので, 海岸の頭がい骨から数メートル離れたところに倒れてしまいました。

彼女は目が覚めたとき, 頭がい骨を見つけようとあたりを見回しました。しかし, 背の高い男を見かけただけでした。彼はたずねました。「誰だ？ ここマティロヒバで何をしているのだ」「頭がい骨をさがしているのです」と彼女は答えました。彼はほほえみながら言いました。「私が頭がい骨だったのだ。この島の神, マケマケだ。昨日の嵐が私をここまで連れてきたのだ。そして, 私は神に戻ることができたのだ」

マケマケはマティロヒバでよく猟に出かけました。マケマケは特に鳥が好きでした。しばしば, ラローナに食べ物を分け与えました。ある日, ラローナはマケマケに言いました。「我々の島のマテベリには, 食料となる鳥がいません。食べ物がほとんどないのです。だからよく争うのです」マケマケはしばらく考えて言いました。「わかった。マテベリに鳥を送ろう。人々は喜んでそれらを食べるようになるだろう」

マケマケは, マテベリにたくさんの鳥を送りました。人々はとても幸せになり, 彼に感謝しました。彼らは鳥をつかまえ食べました。1年後, 彼らはすべての鳥を食べてしまいました。また, 魚だけを食べなければなりませんでした。彼らはマケマケに, 食べるための鳥をもっと送ってほしかった。

2, 3年後, マケマケは鳥たちがどのようにしているかを見るためにマテベリにやってきました。島には鳥は全くいなかったので驚きました。マケマケはまた, 大量の鳥をマテベリに送りました。今度は彼は人々に言いました。「私はあなた方が鳥をとても食べたいと思っていることを知っている。しかし待たなければならない。鳥たちは巣を作って, 卵を産むだろう。しばらくするとあなた方はもっと鳥を食べることができる」人々は注意深く, 聞いていたが, 本当は理解していませんでした。間もなく, 鳥は巣を作り, たくさんの卵を産みました。ある日, 1人の男が鳥が産んだ卵を食べました。おいしかった！人々は2つのすばらしいものを持ってきてくれたのでマケマケに感謝しました。しばらくして, 彼らはみんな食べてしまいました。すべての卵とすべての鳥。それから彼らは再び, マケマケが来ることを待ちました。

長文問題 (1)   本冊 ▶ p. 46〜p. 47

(1) famous   (2) エ   (3) books written in Dutch
(4) (a) オ   (b) ウ
(5) 昔の人々が, どのようにしてそのような大きな石を運ぶことができたのかということ。
(6) (解答例) I think that visiting those places is also important.

解説

(1) famous =「有名な」
(2) to study「学ぶために」不定詞の副詞的用法。
(3) 「それら」とは, 「オランダ語で書かれた本」をさす。
(4) (a) 大阪について学ぶ方法は, いろいろな場所を訪れることだと谷先生が提案している。
(b) 智子は城壁の大きな石を見たと言っている。
(5) 直前の疑問文 How could people 〜 a big stone? をさす。
(6) 「〜と私は思います」= I think (that) 〜.

〔全訳〕
谷先生 ：智子, ルーシー, こんにちは。何について話をしているのですか。
ルーシー：谷先生, こんにちは。大阪についての試験のことを話しています。試験は大阪の歴史や文化についてです。智子は, 今年, 試験を受けるのです。
谷先生 ：なるほど。2人は大阪検定のことを話しているのだね。

智子	：	はい。	
谷先生	：	私の友だちもその試験を受けたよ。試験にはどんな問題が出るの。	
智子	：	大阪の有名な人についての問題がその試験によく出されます。たとえば，何年か前には，緒方洪庵についての問題がありました。	
ルーシー	：	緒方洪庵って誰なの。	
智子	：	医者だったのよ。何冊か本を書いたわ。それに，1838年に大阪で学校を開いたのよ。彼の学校の名前は適塾というの。多くの若者が医学を学ぶためにそこにやってきたの。彼らはオランダ語で書かれた本を読んで，それから多くのことを学んだの。	
ルーシー	：	なるほど。智子，あなたは彼のことをとてもよく知っているのね。	
智子	：	ありがとう。試験に備えて，大阪について書かれた本をたくさん読んだの。だけど，もっと勉強しなければならないわ。大阪についてもっと勉強するいい方法はありますか。	
谷先生	：	ありますよ。大阪のいろいろな場所を訪れるべきだね。そうすると，新鮮でおもしろいことを発見するよ。	
ルーシー	：	私も，大阪のことをもっと知りたいわ。智子，今度の日曜日，大阪のいくつかの場所へ一緒に行きましょう。	
智子	：	ええ，そうしましょう。大阪城はどう？	
ルーシー	：	いいわ。	

(1週間後)

谷先生	：	大阪城へ行って楽しかったかい。
ルーシー	：	はい。大阪城には博物館があります。そこで多くのおもしろいものを見ました。博物館にはきれいな茶室があります。
智子	：	ルーシーはその茶室がとても気に入りました。
谷先生	：	それはいいね。智子，君は？ 何かおもしろいものを発見したかい。
智子	：	はい。お城の門付近の壁にあるとても大きな石を見ました。それは，大阪城で一番大きな石です。覚えている？
ルーシー	：	ええ，それを見て，本当にびっくりしました。
谷先生	：	蛸石のことを言っているのだね。130トンくらいの重さがあると聞いたよ。
ルーシー	：	そのような大きな石を，昔の人はどういうふうに運んだのでしょうね。知りたいわ。
谷先生	：	確かじゃないけど，大きな石を運ぶのにそり

が使われたとある人たちは言っている。
智子：そりですか。本当ですか。もっと知りたいです。
ルーシー：智子，試験に向けて勉強することがたくさんあるわね。
智子：はい。私は読書することで多くのことを学びました。そして，城を訪問したあとに，大阪の歴史や文化にさらに興味を持つようになりました。大阪にある他の多くの場所を訪れたいです。それらの場所を訪れることもまた大切だと私は思います。
谷先生：その通りです。
智子：そして，大阪について学んだことを，大阪にやってくる人々に伝えたいと思います。

5．現在完了(1)

Step A 解答　本冊 ▶ p.48〜p.49

1 (1) lived　(2) has　(3) have　(4) since
　(5) has

2 (1) I've used, for　(2) haven't practiced
　(3) hasn't changed since　(4) It's been cold
　(5) How long, waited

3 (1) I've learned *shodo* for four years.
　(2) Koji has watched tennis on TV since six o'clock.
　(3) I have practiced *karate* since I was an elementary school student.
　(4) She has been in the hospital for a month.

4 (1) Have they been married for ten years?
　(2) I haven't seen Emi for a few days.
　(3) How long has Tom been sick?

5 (1) I have been busy since yesterday.
　(2) How long have you been a nurse?
　(3) We have known each other for many years.

6 (1) It has snowed since seven o'clock.
　(2) Have you been interested in *sado* for a long time?

解説

1 (1) was born「生まれた」since「以来」のあるときは現在完了〈have＋過去分詞〉の文にする。
(2) has wanted「ずっと欲しいと思っている」

ちょうどそのとき，青い車がその家の前で止まって，1人の男性が降りてきた。メアリーは彼を見てびっくりした。女性が言った。「ジョージ，こちらメアリーよ。とても親切な人で，荷物を運んでくれたのよ。メアリー，夫のジョージよ」メアリーはまた驚いた。ジョージは大きく笑いながら「またお会いできてうれしいです。妻を助けていただいてありがとう」メアリーは言った。「こちらこそ，お会いできてうれしいです。助けが必要な人を助けるのは当たり前ですよね」

11. 関係代名詞 (1)

Step A　解答　本冊 ▶ p.80〜p.81

■1 (1) who　(2) which　(3) were　(4) who
　　(5) that　(6) is

■2 (1) girl, gave
　　(2) Winter, which〔that〕comes　(3) sent, is

■3 (1) The girl who is reading a book is Lucy.
　　(2) That is the bus which leaves at twelve.
　　(3) I know a boy who can speak both English and Japanese well.
　　(4) This is the book which tells us about America.

■4 (1) 窓を壊した男の子を知っていますか。
　　(2) ボブはマックスと呼ばれる犬を飼っていました。
　　(3) これは人々を幸福にするドラマです。
　　(4) 彼はインドから来る最初の男性です。
　　(5) これは動物園行きのバスですか。
　　(6) 私はこれよりずっと大きいかばんが欲しいです。

■5 (1) What is the language which is spoken in Australia?
　　(2) The hospital that stands across from the park is very famous.
　　(3) I've seen the man who helped the child.
　　(4) The library has a lot of books that are fun for me.
　　(5) Have you met the family who lives next door?
　　(6) This is the bag that arrived yesterday.

解説

■1 (1) 先行詞が人の場合，関係代名詞は who
(2) 先行詞が動物やものの場合は which
(3) 過去の文なので，過去形を選ぶ。
(4) 先行詞が musician「音楽家」なので who を選ぶ。
(5) has の主語の働きをするので，関係代名詞(that)を選ぶ。
(6) The woman 〜 friends が主語。

■2 (1) この that は関係代名詞。
(2) 先行詞の season「季節」は人ではないので which〔that〕
(3)「〜に…を送る」= send 〜 ...

■3 (1) 先行詞の girl「女の子」は人なので who
(2) 先行詞の bus「バス」は人ではないので which
(3) 先行詞の boy「男の子」は人なので who
(4) 先行詞の book「本」は人ではないので which

■4 (1) the boy who broke the window =「窓を壊した男の子」
(2) a dog which was called Max =「マックスと呼ばれる犬」
(3) a drama that makes people happy =「人々を幸せにするドラマ」
(4) the first man that comes from India =「インドから来る最初の人」
(5) the bus which goes to the zoo =「動物園行きのバス」
(6) a bag that is much bigger than this =「これよりずっと大きいかばん」

■5 (1)「話されている」は受け身形になっている。〈which is ＋過去分詞(ここでは spoken)〉の形。
(2) The hospital 〜 park までが主語。先行詞が単数なので，is になっている。
(3)「子どもを助けた男性」= the man who helped the child
(4)「(本が)ある」は have を使うように指示されている。
(5)「隣」は next door
(6)「届く」= arrive

> ⚠ **ここに注意**　関係代名詞の that は，先行詞が人であっても，動物やものであっても使えるが，that しか使えないときのみ選べ，という問題が出されることがあるので，who, which の使い方をきちんと理解しておこう。

Step B 解答　本冊 ▶ p.82〜p.83

1 (1) who　(2) that were　(3) who isn't
(4) who live

2 ウ

3 (1) The little girl who〔that〕couldn't find her mother was crying.
(2) Do you know that lady who〔that〕is running along the river?
(3) This is a very good story which〔that〕makes everyone happy.

4 (1) homework　(2) forest　(3) museum
(4) physics

5 (1) ワールド・マラソン・チャレンジは多くの国で開催されている子どもたちのランニング競技です。
(2) 日本語を話すアメリカ人があなたに会いたがっています。
(3) 大阪をつらぬいて流れている川は淀川です。

6 (1) Do you know anyone who plays the guitar well?
(2) My father's freinds who lived near our house took care of me.
(3) There were many people who looked happy in the park.

7 (解答例) my dictionary. This is an English dictionary called *Longman*. My uncle came back to Japan last year. He gave me this dictionary. I like English very much. I study it every day. I want to go to England in the future.

解説

1 (1) 先行詞は people なので，who を選ぶ。
(2) 先行詞は動物(複数形)なので，that were を選ぶ。
(3) 先行詞の someone「誰か」は単数扱いなので who isn't を選ぶ。
(4) Westerners「西洋の人々」は複数なので，who live を選ぶ。

2 関係代名詞を選ぶ。アは形容詞。イは接続詞。ウは関係代名詞。エは代名詞。

3 (1) girl が先行詞。従って who または that を用いる。
(2) lady が先行詞。従って who または that を用いる。
(3) story が先行詞。従って which または that を用い

る。

4 (1)「教師から生徒へ与えられる課題」
(2)「木でおおわれている陸地の広い地域」
(3)「歴史的で価値のある興味深いものを展示する建物」
(4)「熱，光，運動など，世界で自然に生じるものごとに関する学問」

5 (1)〈先行詞＋which is＋過去分詞〉この部分は受け身形になっている。
(2) An American が主語なので，動詞の want に三単現の s がついている。
(3) The river that flows through Osaka が主語。「大阪をつらぬいて流れている川」

6 (1)「ギターが上手な人」→「ギターを上手に弾く人」
(2)「〜の世話をする」＝ take care of 〜
(3)「幸せそうに見える」＝ look happy

7 紹介したい理由をまず述べる。そのものや事柄を具体的に書くとよい。

> **⚠ ここに注意**　このような自由作文では，あまり難しく考えないで，身近な内容をわかりやすい英語を使って書こう。時々，書く練習をしておくとよい。

12. 関係代名詞 (2)

Step A 解答　本冊 ▶ p.84〜p.85

1 (1) that　(2) that　(3) I　(4) that　(5) which

2 (1) who　(2) that　(3) which　(4) who
(5) which

3 (1) which〔that〕I am
(2) Where, you, looking for
(3) which〔that〕my father
(4) he was talking〔speaking〕

4 (1) This is the adventure story which I finished reading yesterday.
(2) The house which my grandparents live in is very large.

5 (1) 私たちが滞在したホテルはとても古かったです。
(2) あれは私が今まで見たなかで最も美しい山です。
(3) たった今，私が見た女性はピアニストです。

6 (1) This is a letter which they have waited for.
(2) The doctor that we saw is very friendly.
(3) Is the DVD player you're using now yours?

7 (1) Is that the〔a〕picture which your father bought?
(2) He is a researcher that we respect very much.
(3) This is the greatest view that I've〔I have〕ever seen.

解説

1 (1) story「物語」は人ではないので，who は選べない。
(2) girl「女の子」は人なので，which は選べない。
(3) photo「写真」「私が撮った写真」にする。
(4) boy「男の子」なので，which は選べない。
(5) movie「映画」なので，which

2 関係代名詞は先行詞と格によって使い分ける。
(1) 先行詞が人なので，who
(2) 先行詞に only が含まれるので that
(3) 先行詞がもの。目的格なので which があてはまる。
(4) 先行詞が person「人」なので who
(5) 先行詞がもの・目的格なので，which があてはまる。

3 (1) 関係代名詞 which または that を使う。
(2) the watch you were looking for を使う。
(3) 目的格の関係代名詞のすぐあとには〈主語＋動詞〜〉が続く。
(4) 空所の数から関係代名詞を省略する。

4 (1) 先行詞が story なので which を使う。
(2) 先行詞が house なので which を使う。

5 (1) which のあとに〈主語＋動詞〜〉があるので，これは関係代名詞の目的格。

⚠ここに注意 (1) 目的格の関係代名詞は省略できる。主格は省略できないので注意。

(2) 先行詞に the most が含まれているので，that が使われる。that のあとに〈主語＋動詞〜〉があるので，これも目的格。省略が可能である。
(3) The woman I saw は関係代名詞が省略されている。「私が見た女性」という意味。

6 (1)「ずっと待っていた」を現在完了で表す。has が不要。
(2) 先行詞を doctor にして，すぐあとに that を置く。which が不要。
(3) 関係代名詞を省略する。yours「あなたのもの」your が不要。

7 (1) picture のすぐあとに〈which ＋主語＋動詞〉を置く。
(2)「研究者」＝ researcher
(3) 先行詞が〈the ＋最上級＋名詞〉の場合，関係代名詞は that が好まれる。「すばらしい」は wonderful でも可。

Step B 解答　本冊 ▶ p.86〜p.87

1 (1) which (2) which (3) which
2 (1) favorite (2) she took
(3) who is standing (4) founded by
3 (1) This is the CD I was looking for.
(2) The drama I watched was very interesting.
4 (1) The new camera I bought last month has already broken.
(2) This is the book which my father gave me.
5 (1) There are a lot of〔many〕things (which〔that〕) I don't know about water.
(2) Have you read the e-mail (which〔that〕) I sent to you yesterday yet?
(3) I like the picture〔pictures〕(which〔that〕) you showed (to) us.
(4) This mountain is not as〔so〕high as the last one we climbed.
6 (1) その本で読んだことについてお話しします。
(2) それは，先月，私たちが見た映画ほどはおもしろくなかったですね。
7 (解答例) (1) Where are you from?
(2) What Japanese food do you like?
(3) There are a lot of famous places in my town.

解説

1 (1) 先行詞は bike なので，which を選ぶ。
(2) 先行詞は house あとに she lived in があるので，関係代名詞の目的格(which)を選ぶ。
(3) すぐあとに Jane visited 〜 が続くので，目的格の

35

whichを選ぶ。
2 (1) a book that she likes「彼女が好きな本」
(2) 空所の数から関係代名詞を省略する。文末に last month があるので took が適切。
(3)「舞台の上に立っている女の子」
(4) found は規則動詞。「福沢諭吉によって設立された学校」= a school founded by Fukuzawa Yukichi
3 (1) look for ～「～をさがす」
(2) I watched のすぐ前の関係代名詞を省略する。
4 (1) The new camera I bought last month「先月,私が買った新しいカメラ」関係代名詞 which〔that〕が省略されている。
(2) the book which my father gave me「父が私にくれた本」この which も省略できる。
5 (1)「水について私が知らないたくさんのことがある」と考える。
(2)「もう読みましたか」は現在完了の文 Have you read ～? にする。
(3) which〔that〕を目的格の関係代名詞として使うか関係代名詞を省略する。
(4) the last one we climbed「私たちが登ったこの前の山」
6 (1) the things I read「私が読んだこと」
(2) the movie we saw「私たちが見た映画」

> **ここに注意** 〈名詞＋関係代名詞＋主語＋動詞〉の場合,この関係代名詞(目的格)はよく省略される。

7 (1) 出身地をたずねるときによく使われる表現。Where are you from?
(2)「好きな食べ物」= favorite food を用いて What is your favorite Japanese food? としてもよい。
(3)「有名な場所」= famous places

13. 関係代名詞 (3)

Step A 解答   本冊 ▶ p.88～p.89

1 (1) that (2) whose (3) that (4) whose
(5) which
2 (1) This is a movie which makes people happy.
(2) The bike which stands by the tree is mine.
(3) This is the only prize that she won in the past.
(4) Are they the musicians who you like very much?
(5) The woman whose father is an artist just called you.
3 (1) whose eyes (2) whose cover
(3) that, ever (4) whose
4 (1) タローという名の犬がいました。
(2) 私には, 姉が歌手の友だちがいます。
(3) 聞こえるのは鳥のさえずりだけです。
5 (1) They are trees whose leaves turn red in the fall.
(2) She was the first woman that finished the goal line.
(3) All that you have to do is to click to reserve a hotel room.
6 (1) This was the only question that I could answer.
(2) I wanted a small dog whose hair was short.
(3) This is the most interesting story that I've〔I have〕ever heard.

解説

1 (1) loves の目的語の働きをするので, 目的格の that を選ぶ。
(2)「(女の子)の」という意味を表すので, 所有格の whose を選ぶ。
(3) 先行詞に only が含まれているので, that を選ぶ。
(4)「屋根の赤い家はブラウンさんの家です」

> **ここに注意** (4) The house which roof is red はまちがい。先行詞がものでも所有格の関係代名詞は whose を使う。

(5) 先行詞はもので, すぐあとに動詞が続くので which を選ぶ。was built「建てられた」
2 (1) make people happy「人々を幸せにする」
(2) The bike = It なので, The bike which stands by the tree とする。
(3) 先行詞に only が含まれているので, 関係代名詞は that を用いる。
(4) musicians = them 「彼らはあなたが大好きな音楽家ですか」

(5) Her father「彼女の父」なので所有格の関係代名詞 whose を用いる。

3 (1) 先行詞が動物でも，所有格の関係代名詞は whose を使う。
(2) with the blue cover「青い表紙の」
(3)「これは私がこれまでに見たなかで最も美しい山です」の文にする。先行詞が〈the ＋最上級＋名詞〉の場合，関係代名詞は that が好まれる。
(4)「～という名前の…」＝... whose name is ～

4 (1)「名前がタローである犬」
(2)「姉が歌手である友だち」
(3) All that is heard is ～「聞こえるすべては」→「～しか聞こえない」

5 (1) leaves は leaf「葉」の複数形。「葉が赤くなる木」とする。関係代名詞の所有格(whose)のあとには名詞が続く。
(2)「最初にゴールインした女性」→「ゴールインした最初の女性」
(3) All that you have to do is to ～「あなたがしなければならないすべては～することです」→「あなたは～するだけでよい」

6 (1) the only question を先行詞，that を関係代名詞として使う。
(2)「毛の短い犬」＝ a dog whose hair is short を文の時制に合わせて使う。
(3)「これは私が今までに聞いたなかで最も興味深い話です」と考える。

Step B 解答　本冊 ▶ p.90～p.91

1 (1) that (2) which (3) which
2 (1) color, liked (2) that〔who〕belongs
　　(3) whose, is (4) that〔which〕, said
3 (1) spoken to by (2) nothing else
　　(3) interesting book (4) whose
　　(5) what, been
4 (1) その像が渋谷駅の前にある犬を私は知っています。
　　(2) 人間は火を使うことのできる唯一の動物です。
　　(3) 昨日，テレビで見た映画はとてもおもしろかったです。
5 (1) In this school, there are some students whose parents are both doctors.
(2) All they had to do was to plant the potatoes.
(3) I lent him all the money that was in my pocket.
6 (解答例) (a) I like to play *shogi* with my brother.
(b) I have played it for three years. It is very interesting for us to play it.

解説

1 (1) 先行詞の cities が visit の目的語になっているので，that を選ぶ。
(2)「喫煙者は，たばこが彼の命を奪おうとする段階に至るまで，たばこは勇気であり，それなしでは人生に向き合えないと思いこんでいます」
(3) 先行詞が provides「供給する」の主語になっているので関係代名詞は主格(which)を選ぶ。

2 (1)「彼女が好きだった色」にする。the color she liked のように関係代名詞が省略されている。
(2)「～に所属する」＝ belong to ～
(3) 所有格の関係代名詞は，先行詞がものの場合でも whose を使う。

> **!ここに注意** (3) 所有格の関係代名詞(whose)が含まれている場合は，わかりやすく訳す必要がある。the house whose roof is white なら「屋根が白い家」のように訳すことに慣れておこう。

(4) 先行詞が everything, something, anything などの場合は，that が好んで用いられる。

3 (1)「警官に話しかけられている男性はピンクのシャツを着ていました」
(2)「それが私が言うべきことのすべてです」→「私には言うべきことがほかに何もありません」
(3)「そのようなおもしろい本は読んだことがありません」にする。
(4)「セーターが緑である男の子は僕の兄〔弟〕です」
(5)「覆水盆に返らず」→「やってしまったことは，元に戻すことはできない」

4 (1) 関係代名詞の直後に名詞が来ているので，所有格の whose が使われている。
(2) 先行詞に only が含まれているので，that が使われている。

(3) 〈名詞＋主語＋動詞〉の形では，主語の前の関係代名詞が省略されている。a lot of fun「とてもおもしろい」

5 (1)「～がいる」＝ there are ～

(2)「彼らがしなければならなかったすべてのことは，じゃがいもを植えることでした」と考える。

(3)「(人)に(もの)を貸す」＝〈lend＋人＋もの〉〈all＋名詞〉が先行詞の場合は that が好まれる。

6 (a) I like to ～ の形にすると書きやすい。

(b) 好きな理由，好きになったきっかけなどを書くとよい。

Step C 解答　本冊 ▶ p.92～p.93

1 (1)エ　(2)ウ　(3)イ

2 (1) dictionary　(2) volunteer　(3) library
(4) calendar　(5) map

3 (1) The bus which I am waiting for is now ten minutes late.
(2) The book you gave me is very interesting.

4 (1)ウ　(2)イ　(3)エ　(4)ア

解説

1 (1) 後ろに動詞が来ているので，関係代名詞は主格を選ぶ。先行詞は人なので，who

(2) an idea whose time has come「時代が到来したアイディア，旬のアイディア」

(3) 主格の who のあとには，動詞が続く。

2 (1)「単語が載っており，その意味を説明している本。英語を勉強するときに使わなければならない」

(2)「お金を受け取ることなしに仕事をする人。そのように仕事をするために岩手に行った」

(3)「借りられる本がたくさんある部屋あるいは建物。家で一生懸命，勉強できないときに，よく市立のその建物に行って勉強する」

(4)「日付や週，月が載っているページ。美しい山の絵の描かれたものが，壁にかけられている」

(5)「山や川，道路といったものを示す町や国，世界を描いたもの。この場所は不案内でよくわからない。ここはどこだろう」

以上の説明をヒントとして考えるとよい。

3 (1)「～を待つ」＝ wait for ～

(2)「君がくれた本」＝ the book you gave me

4 〔全訳〕

Ⓐ　何人かの人々は長時間，飛行機に乗ると疲れを感じる。ある時間帯から別の時間帯まで飛ぶともっと疲れを感じる。これは時差ぼけと呼ばれる。また，ときにしんどくなる。頭痛がしたり，食事をしたり睡眠したりすることに問題を起こす。

Ⓑ　あなたはどの程度の時差ぼけになりますか。さまざまな場合があります。西から東へ飛ぶよりも，東から西へ飛んだあとのほうが時差ぼけを克服しやすい。夜ふかしをする人は早寝をする人より早く通常の生活に戻ることができる。年のいった人のほうが若い人より時差ぼけを感じる。

Ⓒ　時差ぼけのつらい時間を持ちたくなければ，飛行機の中でたくさんの水を飲み，着ごこちのよい衣服を着るのがよいだろう。

長文問題(4)　本冊 ▶ p.94～p.95

(1) エ

(2) ア

(3) ある店でハンドバッグにしてもらった。

(4) 友子に祖母のことを忘れてほしくなかったから。

(5) そのハンドバッグは自分よりも，母親にとって意味のあるものだと考えたから。

(6) (解答例) Sure.

(7) ウ，オ

解説

(1) 下線部①の直後に，It was her mother's purse. と書かれている。

(2)「お母さんのハンドバッグは嫌い」と言われたのだから，sad「悲しい」が適切。

(3) I went to a store ～ from the *kimono*. を日本語で説明する。

(4) "Please don't forget your grandmother." を参考にして考えること。

(5) I think the purse is more meaningful to you. を参考にして，考えること。

(6)「もちろんよ」などの意味を持つ英語を入れる。

(7) ア「友子は着物を着ている母と買い物に行くのは好きではない」ということは書かれていない。(不一致)

イ「友子は，誕生日に母からもらった花が好きだ」プレゼントと花は関係がない。(不一致)

エ「友子の祖母は，古いハンドバッグがとても好きだったので，それを使った」とは書かれていない。

（不一致）

カ 「友子は，母に誕生日プレゼントとして，着物をあげたいと思っていた」とは書かれていない。

〔全訳〕

友子は母がとても好きである。しかし，嫌いなものが1つあった。それは母のハンドバッグだった。それはあまりにも古かったが，母はとても気に入っていて，外出するときはいつも使った。

ある日，母がその古いハンドバッグを持って，買い物に行こうとしていたとき，友子が母に言った。「お母さんのその古いハンドバッグは好きではないわ」友子の母は悲しそうな顔をした。そして言った。「それは，古いけれど，お母さんにとっては大切なものなのよ。この花の模様をもう忘れてしまったの？」友子が答える前に，電話がなって，母は出発した。

次の日は，友子の15回目の誕生日だった。母は，「誕生日おめでとう，友子」と言った。そして，プレゼントを渡した。「ありがとう」と友子は言った。そのとき，友子は母がたずねたことを思い出した。そして，言った。「お母さん，古いハンドバッグのことを話してちょうだい」母はそのハンドバッグを見せて言った。「おばあちゃんが大好きな着物を覚えている？ その着物を見つけたときは，古すぎて着られなかった。だけど，おばあちゃんが大好きだったものを使いたいと思ったのよ。だから，ハンドバッグを作る店に行ったの。店の人は着物からこのハンドバッグを作ってくれたのよ」

「それはおばあちゃんの着物で作ったのね」友子は祖母がその着物をよく着ていたことを思い出した。友子は言った。「ごめんなさい，お母さん。昨日，そのハンドバッグは好きじゃないと言ったけど，わかっていなかった」それから，母は言った。「友子にもう1つ誕生日プレゼントがあるのよ。このハンドバッグをあげるわ。おばあちゃんのことを忘れないでちょうだい」友子はしばらく考えて，言った。「ありがとう，お母さん。もちろん，おばあちゃんのことは覚えていたいと思うわ。だけど，おばあちゃんは，お母さんのお母さんだったでしょう。お母さんはおばあちゃんをとても愛していた。そのハンドバッグはお母さんのほうがもっと大切なものだと思うわ。だから，持っておいて。だけど，ときどきは，私も使っていい？」母はうれしそうに見えた。そして，笑いながら言った。「もちろんよ」

14. 文構造・間接疑問・接続詞 that など

Step A 解答　本冊 ▶ p.96〜p.97

1 (1) like fun　(2) Which　(3) Who
(4) they come　(5) will go

2 (1) look different　(2) Don't put
(3) come true　(4) know that
(5) Nobody, why

3 (1) looked after　(2) how old
(3) that student is　(4) how we　(5) on, way

4 (1)① マイクは朝食の前に走ります。
② 母は美容院を経営しています。
(2)① 父は私に怒りました。
② ケイトは誕生日に自転車をもらいました。

5 (1) This soup tastes really good.
(2) Can you tell who answered the question?
(3) Do you know how tall this tower is?

6 (1) I can't understand why she said that.
(2) I want to know who wrote this novel.

解説

1 (1) fun は名詞なので，〈sound like ＋名詞〉「〜のように思われる，聞こえる」の形。
(2) 「どちらのかばんがあなたのですか」
(3) 後ろに built（動詞）が来ているので，前は主語（ここでは Who）があるはずである。
(4) 間接疑問文では，疑問詞のあとは平叙文と同じ語順。
(5) 間接疑問文では，when のあとに will を使うことができる。

2 (1) 「〜に見える」＝〈look ＋形容詞〉
(2) 「〜するな」＝〈Don't ＋動詞〉
(3) 「実現する」＝ come true
(4) 「〜であることを知っている」＝ know that 〜。that のあとには〈主語＋動詞〉が続く。
(5) 「どうして〜なのか」は理由を表すので，why を使う。「だれも〜ない」＝ nobody

3 (1) take care of 〜＝「〜の世話をする」「〜の世話をする」には look after 〜 もある。受け身形の文にする。
(2) he is が続くので，how old を使った間接疑問文にする。age は「年齢」
(3) who のあとは，平叙文と同じ語順。
(4) 「郵便局への行き方」→「私たちはどのようにして郵便局に着けるか」

(5) on one's way to 〜＝「〜へ行く途中」

> **ここに注意** 間接疑問文では疑問詞のあとは平叙文（ふつうの文）と同じように，〈主語＋動詞〜〉の語順になる。

4 (1)① 目的語のない run は「走る」の意味。
② 〈run ＋目的語〉には，「〜を経営する」という意味がある。
(2)① 〈get ＋形容詞〉の形。get angry は「怒る，腹を立てる」
② 〈get ＋目的語〉には，「〜を得る，もらう」という意味がある。

5 (1)「〜な味がする」＝〈taste ＋形容詞〉
(2) who が間接疑問文の主語になっている。〈who ＋動詞〉という形になる。
(3) how tall のあとは〈主語＋動詞〉の語順。

6 (1)「理解できない」＝ can't understand。why のあとは〈主語＋動詞〉の語順。
(2) know のあとに間接疑問文を続ける Who wrote this novel ?のままの語順でよい。

Step B 解答　本冊 ▶ p.98〜p.99

1 (1) エ　(2) ア　(3) ウ
2 (1) what, should　(2) wondering why
　(3) told, to call　(4) what
3 (1) will return safely　(2) It rains
　(3) idea, to　(4) It, for
　(5) Nothing, more important
　(6) he had, his
4 (1) I think baseball is as exciting as basketball.
　(2) Do you know what they are talking about?
　(3) I am sure he will come again.
　(4) I dont't know what kind of sweater she bought.
　(5) I was surprised to hear that there were many clubs in this school.
5 （解答例）① (I) would like to cook Japanese food with them.
　② (Because) cooking is a lot of fun.
　③ (I) will show them how to use chopsticks.

解説
1 (1)「〜を英語で何と言いますか」＝ How do you say 〜 in English?
(2) know のすぐあとなので，where のあとに〈主語＋動詞〉が続くものを選ぶ。
(3) ア「次から次へ」　イ「初めて」　ウ「まもなく」　エ「時間どおりに」
2 (1) should ＝「〜すべき」
(2)「どうして〜なのかと思う」＝ wonder why 〜
(3)「〜に一するように言う」＝ tell 〜 to do ー
(4) 都市名をさすので，where ではなく what を使う。

> **ここに注意** (4)「〜の首都はどこですか」と，首都の名前をたずねるときは，what を使う。Where is the capital of 〜?は，首都の位置をたずねる質問になる。

3 (1) your safe return「あなたの安全な帰宅」を，that you will return safely「あなたが安全に帰宅すること」と書きかえる。will を使う点に注意。
(2) 空所のあとの a lot は動詞を修飾するので，rain を動詞として使う。a lot of rain「たくさんの雨」→ rain a lot「たくさん雨が降る」
(3) have no idea「わからない」
(4) 〈It 〜 for ー to ...〉の形にする。
(5) Nothing「何も〜ない」を使う。friendship「友情」
(6) " "（引用符）内の文を that を使って書きかえる場合は，that 以下の人称や時を，伝える人の立場に立ってかえなければならない。I → he, have → had, my → his
4 (1) think のすぐあとに that が省略されているので，think のあとは，〈主語＋動詞〜〉の順に置く。
(2) what のあとは平叙文と同じ語順なので，what they are talking の順に置く。「〜について話す」は talk about 〜なので，talking のあとに about が必要。
(3)「きっと〜だと思う」＝ I am sure (that) 〜.
(4)「どんな種類の〜」＝ what kind of 〜
(5)「〜して驚いた」は I was surprised to 〜 の形を覚えておくとよい。
5 ① would like to 〜＝「〜したい」
② なぜその活動をしたいか，理由を考える。
③ 彼らが経験したことがないものを教えるとよい。

15. 文構造（第5文型など）・重要表現

Step A 解答　本冊 ▶ p.100〜p.101

1 (1) me　(2) sweet　(3) to my brother　(4) of
(5) name

2 (1) What, mean　(2) for me　(3) it to you
(4) want, to call　(5) leave, open

3 (1) fond of　(2) for her　(3) asked, to
(4) Why　(5) What makes

4 (1) Which, favorite
(2) How, reading, written
(3) the highest, higher than

5 (1) You will be invited by the teachers.
(2) Tell me what you want to be, please.
(3) We have to keep this beach clean.

6 (1) What do you call this food?
(2) Don't be afraid of making a mistake.
(3) My father taught me how to read and write.

解説

1 (1)〈buy＋人＋もの〉の形。
(2) smell sweet＝「いいにおいがする」
(3)〈give＋もの＋to＋人〉の形。
(4) ask は例外的に〈ask＋もの＋of＋人〉の形。
(5)〈name＋A＋B〉「AをBと名づける」

2 (1)「意味する」＝ mean
(2)〈動詞＋人＋もの〉は，〈動詞＋もの＋to〔for〕＋人〉の形で表せる。cook の場合は for を使う。
(3)「もの」が代名詞(it や them など)のときは，〈動詞＋代名詞＋to〔for〕＋人〉の形を使う。〈動詞＋人＋もの〉の形は使えない。

> **ここに注意**　(3) I'll give you it. はまちがい。

(4)〈want＋人＋to＋動詞〉「(人)に〜してほしいと思う」　(5)〈leave＋目的語＋形容詞〉「〜を…のままにしておく」の意味。

3 (1) like ＝ be fond of
(2) 動詞が make なので for を使う。
(3)〈ask＋人＋to＋動詞の原形〉「(人)に〜するように頼む」
(4) Why don't you 〜?「〜しませんか」と誘ったり勧めたりするときに使う決まり文句。

(5)〈make＋目的語＋形容詞〉「〜を…にする」

4 (1)「どの教科が一番好きか」→「英語が一番好きな教科である」「一番好きな」favorite
(2) How「どのようにして」「英語で書かれた本を読むことによって」にする。
(3)「日本で最も高い山」＝ the highest mountain in Japan「世界には富士山より高い山がたくさんある」にする。

5 (1)「招待される」は be invited という受け身形を使う。「〜でしょう」は will
(2)〈tell＋人＋もの〉の順に置く。「あなたは何になりたいか」を「もの」を表す目的語と考える。
(3) have to のすぐあとは，〈keep＋目的語＋形容詞〉の順に並べる。clean「きれいな，清潔な」

6 (1)〈call＋A＋B〉のBをたずねる文。Bは名詞なので，what を文頭に置く。
(2) 否定の命令文は文頭に Don't を置き，そのあとに動詞の原形を続ける。「まちがう」＝ make a mistake
(3)〈teach＋人＋もの〉の形。「読み書き」→「読み書きのしかた」＝ how to read and write

Step B 解答　本冊 ▶ p.102〜p.103

1 (1) ア　(2) イ

2 (1) found, difficult
(2) named, daughter Ann

3 (1) is, called　(2) half, number　(3) call
(4) if〔whether〕, today

4 (1) イ　(2) エ　(3) エ　(4) ア　(5) イ

5 (1) He made me so happy.
(2) Your dictionary tells you what words mean.
(3) Why don't you ask your teacher what you should do?
(4) I don't think that she is from America.

6 (1) イ　(2) ウ

7 (解答例) "Failure is the mother of success." means that people can learn some important things from making mistakes. For example, I forgot that today is her birthday. I didin't give her a present. She didn't smile when we met. Later I called her and I said, "Very sorry." "Don't worry! I'm OK. You're very kind," she said.

解説

1 (1) make me hungry「私を空腹にする」すぐあとに〈目的語＋形容詞〉が続く動詞は make のみ。
(2)「あなたのお父さんの姉〔妹〕の息子」は何というか。もちろんいとこである。「いとこ」＝ cousin

2 (1)〈find ＋ it ＋形容詞＋ to ＋動詞の原形〉「～するのは…だとわかる」 it は to answer the question をさす。
(2)「名づける」＝ name〈name ＋人＋名前〉の語順に注意。

3 (1) 受け身形にかえる。they は一般の人をさすので、受け身形にした場合、by them は不要。
(2) half the number「半分の数」を使う。
(3) What do you call ～?「～を何と呼びますか」
(4) 引用符内が Yes，No で答えられる疑問文の場合、if または whether を使って、〈ask ＋人＋ if〔whether〕～〉「(人)に～かどうかたずねる」の形に書きかえる。また、伝える人の立場になって tomorrow を today にかえる。

⚠ ここに注意 (4) Yesterday he asked me that I ～. はまちがい。

4 (1) get used to doing「～することに慣れる」
(2)「空港でパスポートが盗まれた」となる。〈have ＋目的語＋過去分詞〉で、「(目的語)を～される」
(3)〈should have ＋過去分詞〉「～すべきだった」
(4) another cup of ～「～をもう1杯」
(5)「ナンシーは、昨日、そのビルに入るのを見られた」の文にする。

5 (1)〈make ＋目的語＋形容詞〉の順。so は修飾する happy のすぐ前に置く。
(2)〈tell ＋人＋もの〉の順。「もの」を表す目的語を、〈疑問詞＋主語＋動詞〉で作る。直訳すると、「辞書はあなたに単語が何を意味するか教えてくれます」となる。
(3)〈ask ＋人＋もの〉の形。「もの」を表す目的語を〈疑問詞＋主語＋助動詞＋動詞〉で作る。
(4) I think (that) ～. の文の否定文は、I don't think (that) ～ となる。〈I think (that)＋否定文〉にはあまりしない。

6 (1) A の質問「ここからその映画館へはどのように行くのが一番よいですか」

(2) A の質問「いただいてもいいですか」，B「どうぞご自由にお取りください」

7〔問題文の和訳〕「失敗は成功の母である」これはどういう意味なのかを説明しなさい。あなた自身の経験から例を出しなさい。約50語の単語を使って書きなさい。
自分の経験をもとに、わかりやすく説明するとよいでしょう。

16. 名詞・冠詞・代名詞

Step A 解答 本冊 ▶ p.104～p.105

1 (1) teeth (2) visitor (3) death
(4) happiness (5) peace
2 (1) a (2) the (3) the (4) a (5) the (6) an
3 (1) both (2) bus (3) a glass of (4) family
(5) one (6) mine
4 (1) these days (2) pieces, cake
(3) of yourself (4) friends, countries
5 (1) 宿題をするのに1時間かかりました。
(2) 通りで友人に会いました。
(3) どうぞ気楽になさってください。
(4) 次の駅で列車を乗りかえなければなりません。
6 (1) time (2) light
7 (1) How many people were there in the room?
(2) Most of us agree to this plan.
(3) Mary and I have known each other for a long time.

解説

1 (1) women は woman の複数形。tooth の複数形は teeth
(2) writer は「書く人」「訪問する人」は visitor
(3) life は live の名詞形。die の名詞形は death「死」
(4) beauty は beautiful の名詞形。happy の名詞形は happiness
(5) meet と meat は同じ発音。piece と同じ発音〔piːs〕をするのは、peace「平和」

2 (1) uniform の最初の文字(u)は母音のように思えるが、発音は子音。従って a を使う。
(2) Pass me the salt, please.「塩を取ってください」このまま覚えておこう。

(3) in the morning「午前中に」
(4) moon のように1つしかないものは the をつけるが，full moon のように形容詞をともなう場合は a, an をつける。
(5) 1つしかないと考えられるもの(ここでは north)には，the をつける。
(6) 11 は eleven〔ilévn〕で，母音で始まっているので，an が正しい。

> **ここに注意** 冠詞の a を使うか，an を使うかは，名詞やその前の形容詞の最初の文字の発音が子音か母音かによって判断する。

3 (1) They（複数形）で受けているので，both「2つとも」を選ぶ。
(2) by ～で手段や方法を表す場合は，無冠詞の単数形を使う。
(3) water は数えられない名詞なので，a glass of water「1杯の水」のように数える。
(4) 動詞（ここでは lives）に s がついているので，主語（ここでは My family）は単数であることになる。
(5) one はすでに述べられた数えられる名詞の代わりに使って，同種類の別のものを表す。この場合，one は cap をさす。
(6) mine「私のもの」は持ち主を表す。

4 (1)「最近」= these days
(2) この cake は数えられない名詞なので，数えるときは a piece of cake, two pieces of cake のようにいう。
(3)「からだに気をつけてください」= Take care of yourself. とこのまま覚えておくこと。
(4)「～と友だちになる」= make friends with ～

5 (1) took は take「（時間が）かかる」の過去形。
(2) a friend of mine「何人かいる友だちのうちの1人」という意味。
(3) Please make yourself at home.「どうぞ気楽になさってください」とこのまま覚えておくこと。please は文の最後に来ることもある。
(4) change「乗りかえる」

6 (1) time「時，時間」
(2) light「軽い」と「明かり」

7 (1)「何人か」と人数をたずねるときは How many people ～を用いる。
(2)「ほとんど」= most 「賛成する」= agree

(3)「長い間の知り合いです」は「長い間おたがいにずっと知っています」と考える。

Step B 解答　本冊 ▶ p. 106～p. 107

1 (1) イ (2) イ (3) ア (4) ア
2 (1) our (2) It (3) little (4) with each other (5) another (6) its (7) a few (8) race
3 (1) on, way (2) theirs (3) minutes (4) far〔much〕, ones
4 (1) イ (2) ア
5 (1) call (2) change (3) hard (4) stop
6 （解答例）There is a woodcraft club in our school. A lot of students are in the club. Let's make some things together.

解説

1 (1) イは〔z〕，ほかは〔s〕
(2) イは〔e〕，ほかは〔iː〕
(3) アは〔au〕，イとウは〔uː〕，エは〔ou〕
(4) アは〔iː〕，イとウは〔i〕，エは〔e〕

2 (1) families のすぐ前なので，所有格の our を選ぶ。
(2) to find his house は It で置きかえる。
(3) money は数えられない名詞なので，「ほとんど（～ない）」は little で表す。
(4) この each other は副詞ではなく代名詞。fall in love with ～「～と恋に落ちる」
(5) another cup of coffee「コーヒーをもう1杯（いかがですか）」と勧めるときの決まった言い方。
(6) すぐあとに color があるので，it の所有格（its「それの」）を選ぶ。
(7) 文脈からあまり釣れなかったことがわかる。a few ～「いくらかの～，少しの～」
(8) a new school record「校内新記録」があるので today's race「今日のレース」であることがわかる。

3 (1)「～へ行く途中で」= on one's〔the〕way to ～
(2) they の所有代名詞 theirs「彼らのもの」を使う。
(3)「分」= minute
(4) 比較級を強めるには far, much を使う。used cars に合わせて ones にする。

4 (1)「ペンを持っていますか」
「はい，どうぞ」
「あなたのペンを使ってもいいですか」が適切。
(2)「一緒に行きませんか」に対して OK, that's great! と承諾している。

5 (1)「電話」と「〜を呼ぶ」
(2)「(電車を)を乗りかえる」と「小銭」
(3)「難しい」と「一生懸命に」
(4)「〜をやめる」と「停留所」

6 〔電子メールの内容〕「まもなく君たちの学校へ行って，2週間，一緒に勉強します。君たちの学校について知りたいです。教えてくれませんか。家族とそれについて話すつもりです」

学校の規模，クラブ活動，教科のことなどを書くとよいでしょう。

17. 時制の一致

Step A 解答　本冊 ▶ p.108〜p.109

1 (1) spoke　(2) lives　(3) was　(4) would　(5) visited

2 (1) As　(2) If　(3) before　(4) When

3 (1) 彼は暇だと私は思いました。
(2) 私は彼が誰か知りません。
(3) 私は，地球は太陽の周りを回っていると習いました。
(4) 暗くならないうちに，あなた(たち)はそこに到着しなければなりません。
(5) 先生は，毎日，英語の本を読んでいると言いました。

4 (1) She said she was washing dishes.
(2) She told me that she would wait for me there.
(3) Ted asked me if 〔whether〕 I knew the song.

5 (1) or　(2) asked, do　(3) how, was
(4) tells, he, my

6 (1)ア．If it rains tomorrow, I will stay at home.
(2)イ．I knew that Mr. Kato was about thirty years old then.
(3)ウ．Three years have passed since my father died.

解説

1 (1) 文全体の動詞が過去形(heard)の場合，that 〜の部分の動詞も過去形(spoke)にする。
(2) now があるので，現在形を使う。
(3) thought が過去形なので，was を選ぶ。
(4) said は過去形なので，would(will の過去形)を選ぶ。
(5) 過去を表す last winter「この前の冬」があるので，過去形を選ぶ。

2 (1) as「〜なので」
(2) if「もし〜ならば」
(3) before「(〜する)前に」
(4) when「(〜する)ときに」

3 (1) I thought 〜「私は〜だと思いました」
(2) who he is「彼が誰か」
(3) I learned that 〜「私は〜であることを習いました〔知りました〕」
(4) before it gets dark「暗くなる前に，暗くならないうちに」
(5) every day があるので，あとの動詞(ここでは reads)は現在形にする。

4 (1) I → she にかえる。am → was にかえる。
(2) She said to me, "〜."→ She told me that 〜.

> **ここに注意** (1)(2) 引用符内の部分を that 〜 で表す場合，that 以下の人称や形などは，伝える人の立場に立ってかえなければならない。

(3) 引用符内が疑問文なので，ask を使う。you → I，know → knew にかえる。〈ask＋人＋if〔whether〕〜〉「(人)に〜かどうかたずねる」

5 (1) 命令文のあとの or は「そうでなければ，さもないと」の意味。
(2) 〈ask＋人＋to＋動詞の原形〉「(人)に〜するように頼む」
(3) 間接疑問文で表す。how large のあとの動詞を Did you know に合わせて was にする。
(4) says to → tells，I → he，your → my

6 (1) 条件や仮定を表す if 〜 の部分では，未来のことも現在形で表す。
(2) knew に合わせて，that のあとの be 動詞も was にする。
(3) since「〜して以来」に続く文は過去形なので，died にする。

Step B 解答　本冊 ▶ p.110〜p.111

1 (1) leave　(2) until　(3) so　(4) is　(5) since　(6) ended

2 (1) I thought that my brother could pass the test.

(2) I wondered when my mother was going to come back.
(3) They asked me what time I left.
(4) We said to him, "Close the door right away."

3 (1) was his (2) not to (3) asked, when (4) catch

4 (1) エ. Why don't we start as soon as he comes?
(2) ア. They did not know (that) every person has basic human rights.

5 (1) Do you know how often the old man comes to this park?
(2) She was the last person I had expected to see during my stay in England.

6 (1) Most people think (that) cars are wonderful and necessary.
(2) I knew (that) Japan was one of the richest countries in the world.

7 (解答例) Winter is better than summer for them. They can enjoy skiing and skating. It is a lot of fun to take part in the snow festivals.

解説

1 (1) 時や条件を表す接続詞 when のあとでは未来のことを表すときにも現在形を使う。
(2) not 〜 until ... 「…してはじめて〜する」
(3) あとに結果が続くので, so を選ぶ。あとに理由が続く because と混同してはいけない。
(4) if 〜 の部分なので, is を選ぶ。
(5) 現在完了形の文。過去のある時点からずっとという意味なので, since を選ぶ。
(6) 「第二次世界大戦は 1945 年に終わった」という歴史的な事実なので, 過去形を選ぶ。

2 (1) think を過去形にすると, that 以下の動詞も過去形にする。
(2) wonder → wondered に合わせて, is を was にかえる。
(3) 間接疑問文にする。said → asked に合わせて, you → I, leave → left にかえる。
(4) 引用符を使う場合, ふつう動詞は say を使う。伝える相手は〈to +人〉で, say のすぐあとに続ける。

3 (1) said to → told, is → was, mine → his 「彼のもの」にかえる。
(2) 〈promise +人+ not to +動詞の原形〉「(人)に〜しないように約束する」

> **ここに注意** (2) 〈promise +人+ to +動詞の原形〉の形で,「(人)に〜しないように約束する」という意味にかえる場合, not は to の前に置くこと。

(3) 引用符内が疑問文なので, ask を使う。
(4) won't miss「乗り遅れないだろう」= will catch「間に合うだろう」

4 (1) as soon as 〜 では, 未来を表す場合も, 動詞は現在形を使う。
(2) this と every は一緒に使えない。this を接続詞 that にかえれば, 英文として正しい。「すべての人が基本的人権を持っている」のような過去も現在もかわらないことは, 過去の文の中でも現在形で表してよい。

5 (1) 「どのくらい」= how often
(2) 「予想していた」のは彼女に会ったときよりも以前のことなので, had expected (過去完了形)で表す。「会うと予想していた最後の人」→「最も会わないだろうと思っていた人」

6 (1) 「たいていの人は〜と考えている」= Most people think (that) 〜.
(2) knew に合わせて, that 以下の be 動詞を was にする。「最も〜な…の 1 つ」=〈one of the +最上級+名詞の複数形〉

7 〔問題文の和訳〕「北海道を訪れる人にとって, 夏と冬とではどちらの季節がよいでしょうか。彼らにとってどちらの季節がよいかということとその理由を書いてください」
2 つの要点「訪れる人にとって夏と冬とではどちらがよい季節か」と「その理由」を書くとよい。

18. 重要表現・熟語

Step A 解答 本冊 ▶ p. 112〜p. 113

1 (1) a lot of (2) little (3) with (4) be able to (5) a kind of (6) during (7) but (8) of

2 (1) from (2) for (3) at (4) up (5) of (6) in (7) on (8) to

3 (1) ウ (2) ア (3) イ (4) オ (5) キ (6) エ

(7) カ
4 (1) for example　(2) take, care
(3) In, opinion
5 (1) いったいあなたは何を言っているのですか。
(2) 要するに，彼は私が嫌いなのよ。
6 (1) Excuse me.　(2) How about you?
(3) Pardon me?　(4) May I help you?
(5) No, thank you.

解説

1 (1)「たくさんの〜」＝ a lot of 〜
(2) milk は数えられない名詞なので，little を選ぶ。
(3) wrong with 〜「〜の調子が悪い」
(4) すぐ前に will があるので，be able to を選ぶ。〈will be able to ＋動詞の原形〉「〜できるだろう」
(5) a kind of 〜「一種の〜」
(6) summer vacation のような特定の期間を表す語とともに用いるのが，during
(7) not only A but (also) B「A だけでなく B も」
(8) be afraid of 〜＝「〜をこわがる，〜がこわい」
2 (1) be different from 〜＝「〜と異なる」
(2) for the first time ＝「初めて」
(3) at least ＝「少なくとも」
(4) grow up ＝「大人になる，成長する」
(5) because of 〜＝「〜の原因で」

ここに注意　(5) because のあとには〈主語＋動詞〉が続く。because of のあとには名詞が来る。

(6) in front of 〜＝「〜の正面〔前〕に」
(7) on TV ＝「テレビで」
(8) listen to 〜＝「〜を聞く」
3 (1) all right ＝「だいじょうぶな」
(2) Nice to meet you, too. ＝「こちらこそ，はじめまして」
(3) Just a minute. ＝「少し待ってください」
(4)「もう少しいかがですか」「いいえ，けっこうです」
(5) You're welcome. ＝「どういたしまして」
(6) That's too bad. ＝「それはいけませんね」
(7) of course ＝「もちろん」
4 (1)「例えば」＝ for example
(2)「〜の世話をする」＝ take care of 〜

(3)「〜の意見では」＝ in a person's opinion
5 (1) What in the world「いったい何を」というふうに強調する場合に使う。
(2) in short ＝「要するに」
6 (1) 人の前を通るときにも Excuse me. と言う。
(2) How about 〜？は「〜はどうですか」と提案するときにも使う。
(3) Pardon？と1語で言うこともある。
(4) May I help you？「いらっしゃいませ」をこのまま覚えておこう。
(5) No, thanks. とも言う。

Step B　解答　本冊 ▶ p.114〜p.115

1 (1) across　(2) to　(3) for　(4) away　(5) of
(6) with
2 (1) neither　(2) for　(3) most
3 (1) ア　(2) ウ　(3) エ
4 (1) want me　(2) as well as　(3) What made
(4) mind, sitting
5 (1) サ　(2) カ　(3) エ　(4) イ　(5) キ　(6) ア
(7) オ
6 (1) bad　(2) How　(3) problem　(4) afraid
7 (解答例) B を選んだ場合。This is a light cotton *kimono* called *yukata*. We feel cool when we wear it. We go to a summer festival and a *Bon* dance in *yukata*. It is the best clothing when it is hot, I think. (38 語)

解説

1 (1) walk across ＝「歩いて横切る」
(2) be kind to 〜＝「〜に親切である」
(3) wait for 〜＝「〜を待つ」
(4) run away ＝「逃げる」
(5) be full of 〜＝「〜でいっぱいである」
(6) 〈stay with ＋人〉＝「(人)の家に滞在する」
2 (1) neither ＝「どちらも〜でない」
(2) be famous for 〜＝「〜で有名である」
(3) most ＝「ほとんど」
3 (1) 選択肢はすべて see を使った表現。ア「さようなら」，イ「わかりました」，ウ「はじめまして」，エ「ええと」の意味。
(2)「そのドレスはよく似合いますね」「ありがとう」
(3)「昼食のあとにコーヒーを飲みましょう」「いいですね」

4 (1)〈want ＋人＋ to ＋動詞の原形〉「(人)に～してもらいたいと思う」

(2) as well as ～＝「～と同じくらい上手に」

(3)〈What made ＋人＋形容詞〉＝「何が(人を)～させたのか」＝「なぜ～なったのか」

(4) mind ＋～ing ＝「～するのを気にしますか」→「～してもよろしいですか」

> **⚠ ここに注意** (4) mind は「～をいやがる，迷惑に思う」という意味なので，Do you mind me sitting next to you? をそのまま訳すと，「あなたの隣に座ると迷惑ですか」になる。「いいえ，いいですよ」と答えるには，No, I don't． No, not at all． No, go ahead．などという。

5 (1) I beg your pardon? は上げ調子で読む。下げ調子で読むと「ごめんなさい，失礼ですが」の意味。

(2) What's the matter? ＝「どうしたの」

(3) この miss は「～がいなくてさびしく思う」の意味。

(4) この a hand は「助けの手」の意味。

(5) Go ahead. ＝「話を始めてください，話を続けてください」

(6) Here we are. ＝「さあ，着いたぞ」

(7) Watch out! ＝「危ない，気をつけろ」

6 (1) B:「それはお気の毒に」

(2) A:「このペンはお気に入りですか」

(3) B:「いいですよ」

(4) B:「(残念ながら)～ではないかと思う」

7 選んだものの名前，選んだ理由，いつ，どのように使うのかを英文に盛り込むとよい。

Step C 解答　本冊 ▶ p. 116～p. 117

1 エ，コ

2 (1) teach　(2) borrow　(3) thirsty　(4) April
(5) kitchen

3 (1) too　(2) time

4 (1) good singer　(2) size

5 (1) I saw him in front of the library a few minutes ago.
(2) Do you think he will come to school tomorrow?
(3) We call the game they are playing cricket.
(4) That picture made me happy.
(5) The label on the box doesn't say what kind of tea this is.

6 (1) ホ　(2) ロ　(3) ニ　(4) イ

解説

1 (1) ア understánd　イ néwspaper　ウ Japanése
エ enjóy　オ clássroom　カ hóliday　キ dífferent
ク populátion　ケ sómeone　コ guitár

2 (1) ジョーンズ先生は，来年，私たちに英語を教えるでしょう。

(2) あなたの自転車を借りてもいいですか。

(3) すごくのどがかわいています。

(4) 日本では学校は4月に始まります。

(5) 彼女は台所で夕食を作っています。

3 (1) too ～ to ... ＝「あまりに～すぎて…できない」
Me, too. ＝「私もです」

(2) be in time for ～＝「～に間に合う」

4 (1)「とても上手に歌う」→「とても上手な歌手である」

(2) how large ～＝「～はどれくらい大きいか」→ size of ～＝「～の大きさ」

5 (1)「～の正面〔前〕に」＝ in front of ～

(2) think のすぐあとに that が省略されていると考えて，think のあとに he will come を置く。

> **⚠ ここに注意** (2) 接続詞の that のあとには〈主語＋動詞〉が続くことを覚えておこう。

(3)〈call ＋ A ＋ B〉の順。the game they are playing「彼らがしている試合」を A，cricket を B として文を組み立てる。

(4)「あの絵が私をうれしくさせました」と考えて，〈make ＋目的語＋形容詞〉の順に置く。

(5) 間接疑問文にする。say の目的語を〈what kind of ＋名詞＋主語＋動詞〉の形で作る。

6 (1) 時が人の心を癒してくれるということ。ホ「時間は偉大な治療師である」

(2) 悪いことは重なるということ。ロ「降れば土砂降り」

(3) 人の好みはさまざまで説明できない，ということ。ニ「たで食う虫も好き好き」

(4) 真実に達する道はいくつかある，ということ。イ「すべての道はローマに通ず」

長文問題(5)

本冊 ▶ p.118〜p.119

(1) 最初の1語：No，最後の1語：said
(2) that〔the〕 song
(3) ① 謝る　② 2人で伴奏する
(4) イ
(5) ① オ　② ア　③ イ
(6) ① How many songs　② I know you are

解説

(1) 下線部は「ほかに誰かピアノを弾けますか」という意味。それに対して，次の文に「ほかに誰もいません。あなたがもっと努力すべきです」とある。
(2) 前のほうに，みんなで練習しているものが記されている。
(3) ① I will say 'I'm sorry,' to Mayumi. の文から考える。
② Then I had a good idea. If two players play the song together, it may be easier. から答える。
(4) イ「問題があるときに気持ちをよりよくする方法」が適切。
(5) ① 第3段落第1文を参考にする。
② 最後の段落の第3，4文を参考にする。make a change という表現がある。
③ 最後の段落の第3文に，think only about the future という表現がある。
(6) ①「2曲歌いました」と答えているので「何曲，歌いましたか」と質問しているはず。
②「私たちのために一生懸命練習していることを知っています」という文にするとよい。

〔全訳〕
　問題を抱えているとき，寝つきにくいことがあります。しかし，私はその問題から抜け出るよい方法を発見しました。今日は，それを皆さん方と分かち合いたいと思います。
　昨年，私たちのクラスは，学校の文化祭で歌を2曲，歌いました。親友のまゆみは私たちのためにピアノを弾いてくれました。文化祭の1週間前に問題が起こりました。歌のうち1曲がとても難しかったのです。まゆみは，いつも同じ所で止まりました。彼女は，「これ，できない。ほかに誰かピアノを弾ける人はいませんか」と言いました。しかし，まゆみは最高の奏者でした。「ほかに誰もできないよ。あなたがもっと努力すべきよ」と私が言いました。「一生懸命練習してるわよ」とまゆみは大声を出して言いました。そして，再び，ピアノを弾き始めました。その後は誰も練習を楽しめませんでした。
　その夜，私は眠れませんでした。ベッドでまゆみのことを考えました。彼女に優しくすべきときに，悪いことを言ってしまいました。どうしたらよいのかわかりませんでした。
　水を飲みに行きました。そのとき，母が近づいてきて言いました。「眠れないの？」その日におかした間違いのことを，母に話しました。そのときに戻って，口を閉じたかったです。
　母は言いました。「あなたが言った言葉は，口に戻ることはないのよ。未来をかえるために，今，何ができるの？」
　私はベッドに戻って，考えました。「明日，私は何ができるのだろうか。まず，まゆみに『ごめん』と言おう。それから，その歌を歌う方法を私たちで考えなければいけない。みんな一生懸命練習した。だから，それを歌いたい。しかし，クラスの最高のピアノ奏者は，それを弾くことができない」そのとき，いい考えが浮かびました。もし，2人の奏者がその曲を一緒に弾いたら，もっと容易になるかもしれません。こう考えて気持ちが楽になりました。そして眠りました。
　私の考えは，うまく働きました。そして，合唱は会場の皆さんを感動させました。この経験から，私は人生の大切なことを学びました。問題が起こって眠れないときは，未来のことだけを考えようと，いつも自分に言いきかせています。もし，あなた方が翌朝を変える方法がわかれば，気持ちがよいほうにかわるでしょう。問題を抱えているときに，これが皆さん方も助けることになると信じています。

総合実力テスト(第1回)

本冊 ▶ p.120〜p.123

1 (1) イ　(2) ウ　(3) エ
2 ウ
3 (1) I'd like to hear what you think of the book.
(2) Is that all you have to say about the film?
(3) What made you decide to start your own business?
(4) This problem is too difficult for me to solve.
(5) When was the last time you got your car

washed?
4 (1) We have known each other since we were children.
(2) I can't remember who called you.
5 (1)ア (2)エ
6 (1)イ (2)ウ
7 [Ⅰ]A lives B old C through D asked E time
[Ⅱ](1)エ (2)make things they needed in
(3) 今では，ほかの国々の図書館や博物館で古い本や地図を修復するために，和紙が使われていること。
(4)① Yes, they do.
② They thought that it was strong and useful.
(5)ア
8 (解答例)Ⓐ I was happiest when I went to America to study English. I talked with many people in English. My English became better.
Ⓑ I really want to be a good pianist. I am very interested in classical music. My favorite composer is Chopin.

解説
1 (1)イ mon-ey のみ第1音節が強い。他は第2音節が強い。
(2)ウ pi-a-no のみ第2音節。他は第1音節が強い。
(3)エ un-der-stand のみ第3音節。他は第2音節が強い。
2 ア [ei]，イ [ru:]，エ [əːr] と発音。ウ radio [ei]，treasure [e] と読む。
3 (1)「その本についてどう思うかを聞きたい」と考える。
(2)「それがその映画について言わなければならないすべてのことか」と考える。
(3)「何がビジネスを始めることを決意させたのか」と考える。〈make＋目的語＋動詞の原形〉という形を用いる。「(目的語)に〜させる」という意味。
(4)too 〜 to do は「あまりに〜すぎて―できない」という意味。
(5)「車を洗ってもらった最後のときはいつだったのか」と考える。〈get＋目的語＋過去分詞〉で「(目的語)を〜してもらう」という意味になる。

4 (1)子どものころから現在まで面識があるので，現在完了形(have known)で表す。「子どものころから」＝ since we were children(since childhood でも可)
(2)与えられた日本語から間接疑問文にする。「だれだったか」→「だれがあなたに電話したか」
5 (1)交通手段をたずねるときは How を用いる。
(2)Who「誰」が主語になっている。動詞は一般動詞の過去形なので，did を用いる。
6 (1)don't play the guitar or the piano(ギターやピアノを弾かない)や can't sing(歌うことができない)とあるので，ウやエは適切でない。Music makes us happy(音楽は私たちを幸せにしてくれる)ということから音楽には力があることがわかる。
〔全訳〕 世界中の人々が音楽を愛している。ギターやピアノを弾けない人でさえ，音楽が好きだろう。あなたが仮に上手に歌えなくても，音楽を聞くことを楽しむと思う。音楽は常にそばにあり，私たちを幸せにしてくれる。生活の中で最も重要なものの1つである。
(2)ごみのことについて書かれている。「(　)を知って悲しくなった」にあてはまるものをさがす。
〔全訳〕 先日，テレビで富士山についてのニュースを見た。「富士山はごみのことで大きな問題をかかえている。あまりにも多くのごみを捨てていく人がいる。自転車や車，コンピューターのような機械などを捨てる。これは私たちが考えなければならない深刻な問題である」と言っていた。そのニュースを見たとき，いろいろなものを捨てる人がいることを知って悲しくなった。私はこの美しい山を救うために何かをしなければならないと思った。
7 [Ⅰ]A「伝統的な日本家屋に住む友人」とする。先行詞の a friend が三人称単数なので，lives を選ぶ。
B「古くて大きかった」とあるから，old
C「〜を通って」は through
D「質問した」は asked
E「初めて」は for the first time と覚えておくこと。
[Ⅱ](1)「紙に興味を持った」に続く適切な語を選ぶ。
(2)to のあとには，動詞が来ることは推測できる。「生活の中で必要なもの」は things (that) they needed in their life
(3)直前の文の内容を日本語でまとめる。
(4)① 第2段落に People make *washi* by using fibers of plants. とある。
② 第3段落に，*washi* was strong and useful とある。

(5) イ 和紙はかさにも使われたので，不一致。ウ 外国人は学ぶためにやってきたので，不一致。
〔全訳〕 ジョンはクラスで障子について話してくれました。彼は「紙と木で作られた戸は，私にはとてもおもしろいです。日本の人たちは生活のいろんな面で，紙を用いています」と言いました。彼のスピーチを聞いてから，私は紙に興味を持ちました。それで，それについて勉強し始めました。

伝統的な日本の紙は和紙と呼ばれます。日本の人たちは，長い間に，和紙を作る方法を伝えてきました。人々は植物の繊維を使って和紙を作ります。和紙を作るには多くの段階があります。この段階を踏むことによって強くなります。そして，とても長い間，もちこたえることができます。奈良の正倉院には，とても古い和紙があります。それらは 1300 年以上も前に作られました。

私は和紙についての本を数冊読みました。昔の人たちが和紙をうまく使ったことがわかりました。彼らは生活の中で必要なものを作るのに和紙を使いました。それは，障子を作るのに使われました。また，扇子やかさを作るのにも使われました。江戸時代や明治時代に日本を訪れた外国人は，和紙は強くて，役に立つと考えました。

私は和紙についておもしろいことを知りました。現在，それは外国の図書館や博物館で，古い本や地図を修復するのに使われています。私はそれを知ってびっくりしました。外国の人々は，和紙を使って，古いものをどのように修復するかを学びに日本にやってきています。

和紙について知ることはとてもおもしろいです。生活の中でそれを使うよい方法がほかにもあります。私は和紙について，世界中の人々に伝えたいと思います。

8 Ⓐ「うれしかったこと」
Ⓑ「ぜひやってみたいこと」を具体的に書くとよい。

総合実力テスト（第 2 回）

本冊 ▶ p. 124～p. 128

1 (1) ウ (2) エ (3) ウ
2 (1) ア (2) エ (3) ウ
3 (1) wives (2) heavy (3) happily (4) choice (5) zoo
4 (1) ウ (2) イ (3) エ
5 (1) How about (2) afraid (3) In (4) to drink (5) How long (6) about
6 (1) Judy gave me a letter written in Japanese.
(2) One of the books I found showed that Hokkaido is famous for good sweets.
7 (1) ウ (2) イ
8 (解答例) ① he asked his mother to read the book.
② his mother slept. He began to read the book.
9 (解答例) (1) All information you want to tell others can be called news.
(2) It is going to〔will〕 rain this evening. Let's take umbrellas with us.
(3) Please tell me the name of the song you're listening to.
(4) Don't forget to post this letter tomorrow.
(5) Where can I catch the bus to the airport?
10 (1) ウ
(2) (解答例) They were taking pictures of the old houses.
(3) イ
(4) met
(5) first
(6) (I think) this sea is more beautiful than (the sea in my country).
(7) (I think English) is an important language to study because (people from different countries can share their ideas through English.)
(8) エ
(9) (解答例) (In the future) I want to make Kagawa famous in the world (by working as a tour guide.)

解説

1 意味のまとまりを考える。(1) to see the famous singer「有名な歌手を見て」の前で区切る。
(2) The hat my grandmother bought me last week「祖母が先週買ってくれた帽子」が主部。その主部は 1 つのまとまりなので，その次で区切って読む。
(3) since he was six years old「6 歳のときから」の前で区切る。

2 相手に伝えなければならない語を強く読む。
(1)「人気のあるのは何か」とたずねられている。
(2)「何で学校へ行くのか」とたずねられている。
(3)「なぜ，遅刻したのか」とたずねられている。

3 (1) feet は foot の複数形。
(2) right「正しい」と wrong「まちがって」は反対の意味を表す。
(3) 形容詞と副詞。
(4) 動詞と名詞。
(5) museum「美術館」には，picture「絵」が展示されている。

4 (1) マリアとサリーのスキーの技術を比較する文。well － better － best と変化する。
(2) when「〜のときに」
(3) as 〜 as ...＝「...と同じくらい〜」

5 (1) 後ろに 〜ing が続いているので，How about 〜ing?「〜するのはどうですか」にする。
(2) I'm afraid not.「残念ながらできません」
(3)「次の電車はいつですか」→ In five minutes.「5分後に」
(4)「のどがかわいていません」と答えているので，質問は「何か飲み物を飲んではどうですか」
(5)「どのくらいここに滞在する予定ですか」「来月，出発します」
(6)「それは何についての本でしたか」

6 (1) letter のすぐあとに written を続ける。
(2) the books のすぐあとに I found を置く。「本に〜とある」＝ The book shows（that）〜.

7 (1)「君も一緒に花火に行くかい」ウ「もちろん，行くよ」
(2)「門のところに立っている女の子が久美なの」イ「彼女は久美ではないよ。真理子だよ」

8 ① 子どもがお母さんに本をさし出しているので，「お母さん，これ読んで」と言っていると思われる。
② お母さんがいねむりをしている。しかたないので，子どもは自分で本を読み始めた。

9 (1)「情報のすべてをニュースと呼んでいい」→「すべての情報はニュースと呼ばれる」という受け身の形にするとよい。
(2)「夜は雨だね」→「雨が降るだろう」という未来の文にする。
(3)「聞いている曲」＝ the song you're listening to。to を忘れないこと。
(4)「〜するのを忘れる」＝〈forget to ＋動詞の原形〉
(5)「乗る」＝ catch

10 (1) 現在完了形の文なので since が入る。
(2) 過去進行形の文にする。「写真を撮る」＝ take pictures

(3)「見えた」＝ looked
(4)「直島から戻ってきたとき，〜に会った」という文なので，過去形にする。
(5)「はじめて」＝ for the first time
(6) than があるから比較級の文。I think のあとに続けて，「私はこの海は自分の国の海より美しいと思う」とする。
(7) I think のあとは，English が主語の文とする。because以下で理由を表す。
(8) 前文を受けて，「だから私は一生懸命英語を勉強する」となる。
(9) want to 〜「〜したい」make A B「A を B にする」「世界中で」＝ around〔all over〕the world

〔全訳〕 今日は，未来の夢のことをお話ししようと思います。私は観光ガイドになって，外国の人々に香川を紹介したいと思っています。

この前の夏からずっと観光ガイドになりたいと思っていました。先の8月に芸術祭を見るために友だちと直島を訪れました。そこには外国人がたくさんいました。彼らは古い家の写真を撮っていました。彼らはとても楽しそうに見えました。私は香川のほかの場所も案内したいと思いました。

直島から帰るとき，フェリーで3人の外国人の学生に会いました。彼らは私の知らない言葉を話していましたが，私は英語でたずねました。「どちらから来られたのですか」すると，1人の人が英語で答えてくれました。「フランスから来ました。はじめて日本にやってきました。東京と京都に行ったあと，今日，直島にやってきました」もう1人の学生が言いました。「すごい，夕焼けと輝いている海を見てごらん。向こうの島や橋も美しい。この海は私たちの国の海より美しいと思いますよ」彼らが私たちの海を気に入ってくれてうれしかったです。私たちは英語で彼らとの会話を楽しみました。

違った国の人々が英語を通して考えを分かち合うことができるので，英語は勉強すべき重要な言葉だと思います。だから，私は英語を一生懸命，勉強します。香川の歴史や文化についても勉強します。将来，観光ガイドとして働くことによって，私は香川を世界中で有名にしたいです。ありがとうございました。